# 红色传家宝

## 守住珍贵红色传家宝 做好红色基因传承人

洪荣昌 钟茂富 ◎ 编著

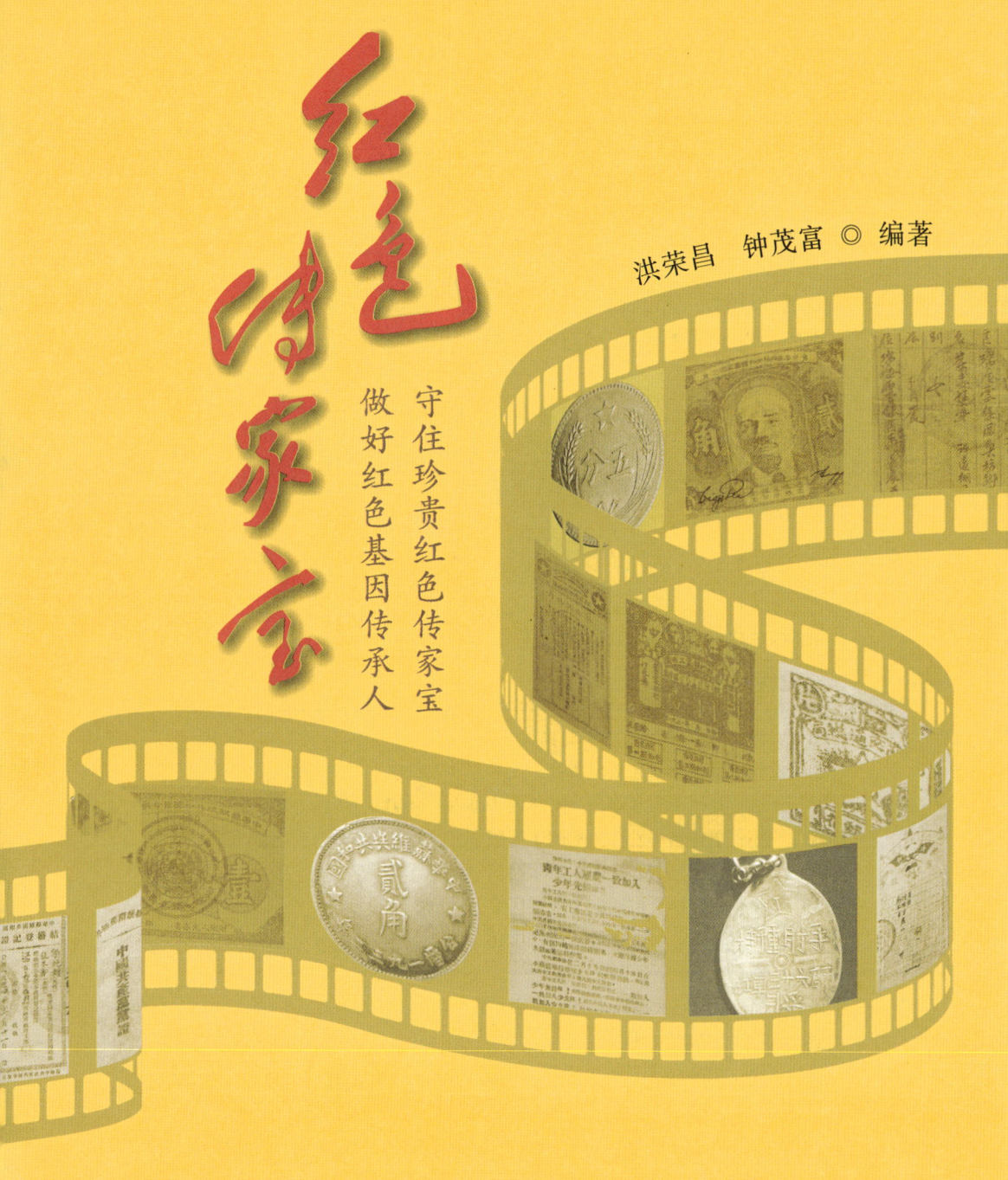

海峡出版发行集团 | 福建少年儿童出版社

图书在版编目(CIP)数据

红色传家宝/洪荣昌，钟茂富编著 . — 福州：福建少年儿童出版社，2024.5

ISBN 978-7-5395-8680-9

Ⅰ.①红… Ⅱ.①洪… ②钟… Ⅲ.①革命传统教育—中国—青少年读物 Ⅳ.① D642-49

中国国家版本馆 CIP 数据核字（2024）第 096417 号

HONGSE CHUANJIABAO

### 红色传家宝

作　　者：洪荣昌、钟茂富 编著
出版发行：福建少年儿童出版社
社　　址：福州市东水路 76 号 17 层（邮编：350001）
经　　销：福建新华发行（集团）有限责任公司
印　　刷：福州德安彩色印刷有限公司
地　　址：福州市金山浦上工业园区 B 区 42 幢
开　　本：700 毫米 ×1000 毫米　1/16
字　　数：114 千字
印　　张：10.25　　　　插　　页：1
版　　次：2024 年 5 月第 1 版
印　　次：2024 年 5 月第 1 次印刷
ISBN 978-7-5395-8680-9
定　　价：25.00 元

如有印、装质量问题，影响阅读，请直接与承印者联系调换。
联系电话：0591-28059365

# 目录

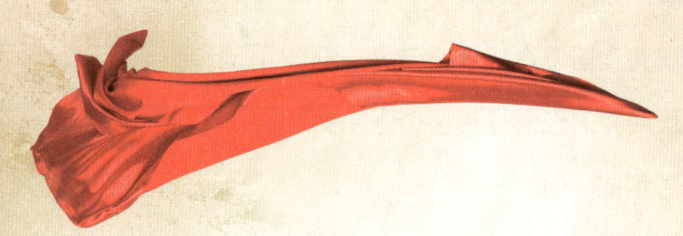

中国共产党党证　1

选民证　6

农业工人也有工会　11

中华苏区革命互济会会员证　15

中国店员手艺工人工会会员证　20

当红军可免税　25

周恩来、张爱萍发出的宣传单　30

永定县苏维埃政府征收土地税收据　36

一张特殊的税票　40

江西工农银行壹圆纸币　45

永定县第一区信用合作社股票　50

珍贵的马列头像股票　55

联合消费合作总社股票　60

胜利县总商店集股证　65

1

中华苏维埃共和国国家银行货币　69

中华苏维埃共和国国家银行存折　74

珍贵的布币　79

中华苏维埃共和国革命战争公债券　84

中华苏维埃共和国经济建设公债券　89

红军临时借谷证　94

湘赣省收买谷子期票　98

中央苏区米票　103

闽浙赣省苏政府粉碎敌人五次围攻决战公债券　107

中央苏区"节省运动"　112

红军宣传漫画　116

红军特种射手银质奖章　121

烽火硝烟中的"托孤条"　126

中央兵工厂生产的弹药　131

红军残废证书　136

闽西交通总局赤色邮花　141

中央苏区婚姻登记证　146

苏区通行证　151

闽西南军政委员会借款凭票　155

**后记**　160

# 中国共产党党证

★ 我有红色传家宝 ★

这是一本中国共产党党证，一共6面。这本党证为当时苏区统一印制，封面上部印有弧形字体"全世界无产阶级联合起来"，正中竖印"中国共产党党证"，加盖"中国共产党中央委员会"红

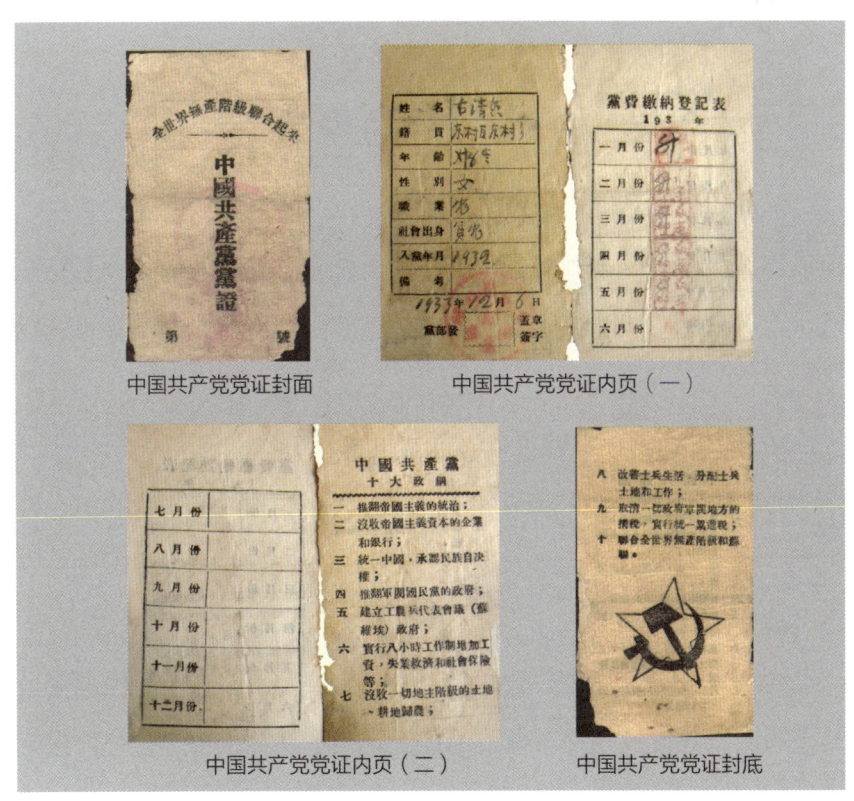

中国共产党党证封面　　中国共产党党证内页（一）

中国共产党党证内页（二）　　中国共产党党证封底

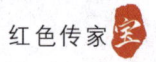

色印章，下部为党证编号。党证内页填写了持证人的姓名、籍贯、年龄、性别、职业、社会出身、入党年月、备考以及时间等信息，后面是党费缴纳登记表。党证的最后一部分，印有中国共产党十大政纲：一、推翻帝国主义的统治；二、没收帝国主义资本的企业和银行；三、统一中国，承认民族自决权；四、推翻军阀国民党的政府；五、建立工农兵代表会议（苏维埃）政府；六、实行八小时工作制，增加工资、失业救济和社会保险等；七、没收一切地主阶级的土地、耕地归农；八、改善士兵生活，分配士兵土地和工作；九、取消一切政府军阀地方的捐税，实行统一累进税；十、联合全世界无产阶级和苏联。政纲后面，印有五角星和党徽图案。

★ 红色故事分享会 ★

## 珍藏一生的党证

陈波，原名陈汉清，1929年加入中国共产党。因为当过裁缝，所以组织上安排陈波到被服厂工作。两个月后，陈波成了一名红军战士。入伍第二年，由于作战勇敢，陈波当选红四方面军参谋处党支部书记。

1932年12月，红四方面军千里转战入川，以通江、南江、巴中为核心区，创建了川陕革命根据地。在此后的两年多时间里，根据地连续取得了反"三路围攻"、三次进攻战和反"六路围攻"等系列战斗的胜利。

1934年10月，川陕省委决定对红军部队和地方上的优秀党员给予表彰，并发放用白布做成的优秀党员证。评议会上，时任宣传委员的徐向前说："我们的支部书记陈汉清同志出身贫苦，工作积极，作战勇敢，同意发给党证。"领到党证后，陈波十分珍惜，特地缝了一个小皮囊别在腰带上，专门装党证及用作党费的钱币。

随着抗日武装力量的不断发展壮大，单靠战场缴获来装备部队，已经远远满足不了作战需要。1939年，晋察冀抗日根据地创建了黄崖洞兵工厂。

开国少将陈波

创建初期，兵工厂条件极为简陋，条件好点儿时可以生产一些手榴弹，条件差时只能勉强生产滚雷。这些滚雷质量不高，要想形成战斗力，就得在试爆中积累生产经验。时任八路军前总特务团副团长的陈波，负责的就是这个工作，天天都与火药为伴。

1941年3月的一天，陈波向战士们介绍完滚雷的使用方法后，便开始做示范。他命令大家后退300米，然后抱起西瓜大的滚雷向山丘走去。团长欧致富拦住他，说："这是新制的，有危险，我来吧！"陈波说："你是一团之长，还是我来吧！"大家进入安全地带后，陈波开始按雷、擦火，只听见"嘣"的一声，不合格的滚雷突然爆炸，陈波不幸倒在了血泊之中。

经过医生奋力抢救，陈波奇迹般地活了下来，但永远失去了一条胳膊。醒来后，他用仅有的那只右手摸到裤带上，发现少了什么，便焦急地问护士："小皮囊呢？"见护士不解其意，陈波解释道："火柴盒大小，裤带上的。"护士将他的血衣翻了个遍，终于

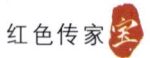

找到了那个小皮囊，可是里面的党证早已被鲜血染透。

在陈波的心里，党证比自己的生命还要宝贵啊！

全民族抗战胜利前夕，为抢夺胜利果实，蒋介石向东北大肆增兵。我党采取针锋相对的方针，组建了"赴东北工作干部团"，简称"东干团"，紧急驰援东北。

陈波主动向组织提出自己想参加"东干团"。首长指着一匹烈马，说："上马兜一圈，不从马上摔下来，就让你去。"陈波二话不说，接过缰绳，右手一按马背，纵身跃了上去，10多分钟后回到了原地。就这样，陈波成了"东干团"的一名特殊成员。

赴延安、战东北。不管是艰苦的长征，还是血战甘南，汗水把陈波的党证浸透了，刺骨寒风把党证上的汗水凝成了冰凌。在穿越日寇封锁线时，为了不暴露身份，很多人都把党证销毁了，陈波却说："就凭我这一只胳膊、两条残腿，不是红军，就是八路，有无党证一个样，落到敌人手里都是死。"

一生戎马倥偬、战功卓著，陈波始终把自己那本血迹斑斑的党证带在身边。陈波以自己的朴素的行动，践行着中国共产党人的宗旨，历经沧桑仍初心不改，饱经风霜亦本色依旧。

## ★ 红色基因我传承 ★

中国共产党的组织体系,是根据党的纲领和章程,按照民主集中制组织起来的统一整体,有着使命追求的崇高性、组织队伍的先进性、组织覆盖的广泛性、联系群众的紧密性、高度的组织纪律性,包括党的中央组织、地方组织、基层组织。中国共产党的严密的组织体系,是世界上任何其他政党都不具有的强大优势,是党进行伟大斗争、建设伟大工程、推进伟大事业、实现伟大梦想的坚强保证。

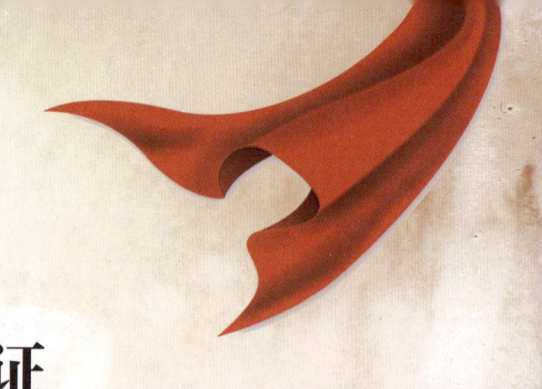

# 选民证

★ 我有红色传家宝 ★

这是一张中央苏区在召开基层人民代表大会,选举政府组成人员时发给选民的选民证。这张选民证是工作人员用铅笔在毛边纸上画出表格制作而成的。选民证上的内容是用毛笔填写的,具体包括:瑞金云集区吴坊乡第一村;姓名:黄赤姑婆(许远棚之妻);

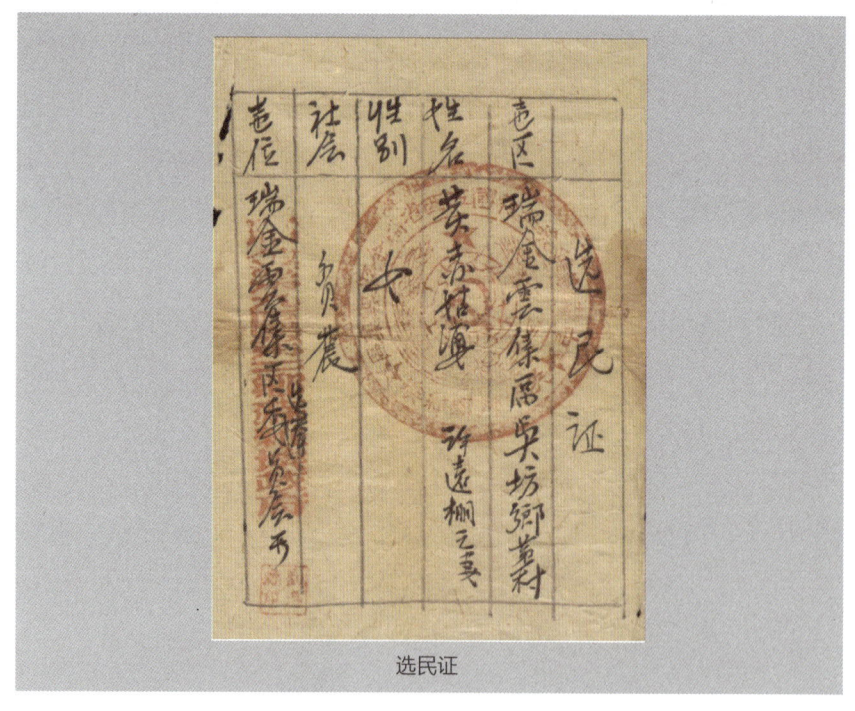

选民证

性别：女；社会：贫农；单位：瑞金云集区选举委员会。这张选民证上共盖有三个印章，分别为"中华苏维埃共和国江西省瑞金县云集区苏维埃政府"圆形公章，此为选举单位印章；"瑞金第一区第二乡苏维埃政府"条形印章，此为发证单位印章；"刘发源"私人方章，此为发证工作具体负责人印章。

## 红色故事分享会

### "苏区女状元"吴秀英

苏区时期，福建省长汀县曾涌现出许多巾帼英杰。其中有一位叫吴秀英的女性，由一名童养媳成长为县苏副主席，在各项工作中作出了表率，取得了显著的成绩，被人们誉为"苏区女状元"。

吴秀英于1913年出生在长汀县南山乡（今南山镇）的一个贫苦农民家庭。1921年，为了偿还跟地主借的高利贷，吴秀英的父亲忍痛把她卖给了长汀城关的一个农民家庭当童养媳。

春雷一声震天响！1929年3月，毛泽东、朱德率领红四军主力首次入闽，解放了长汀城。5月，红四军第二次入闽，长汀的革命斗争如火如荼地开展起来。17岁的童养媳吴秀英毅然参加了革命，带动全乡20多个青年妇女加入了少先队。吴秀英立场坚定，爱憎分明，处处以身作则，努力做好各项工作，成了乡里的一面旗帜。

1931年2月，吴秀英光荣地参加了少共组织。10月，汀州市苏维埃政府成立，她被选为市苏人民代表，担任市苏卫生科科长兼妇女部部长，并光荣地加入了中国共产党。

吴秀英不仅自己要求进步，还鼓励未婚夫张永生积极参加革命

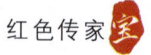

工作。那时,扩红是市苏的一项重要工作。一天,吴秀英参加扩红动员会后回到家,就动员未婚夫张永生参加红军。张永生满脸通红,不吭一声。吴秀英看出了他的心思,说:"保卫苏区是每个青年的义务,你要支持我的工作。至于家中的事,你就放心好了。""我是愿意参军的,只是……"永生半天才憋出一句话,但欲言又止。秀英见了他的神色,略一思考,便恍然大悟地笑道:"噢!对了,你是不是听了别人的闲话,说我当了市苏干部,可能不会和你结婚了?永生哥,我们都是穷苦孩子出身,革命目标一致,我是真心爱你的!要不,我们明天就去登记结婚,你去报名,结婚后你就参军上前线,行不?"永生见心事被看穿,脸一下子就红了,说:"好!我这就去报名!"结婚后的第三天,吴秀英就亲自送丈夫上了前线。

在吴秀英的带动下,长汀掀起了妻子送郎参军的热潮。1932年春,张永生在将乐县的铜岭战斗中光荣牺牲。噩耗传来,吴秀英悲痛万分,但她并没有因此而影响工作,而是化悲痛为力量,把妇女工作搞得有声有色。

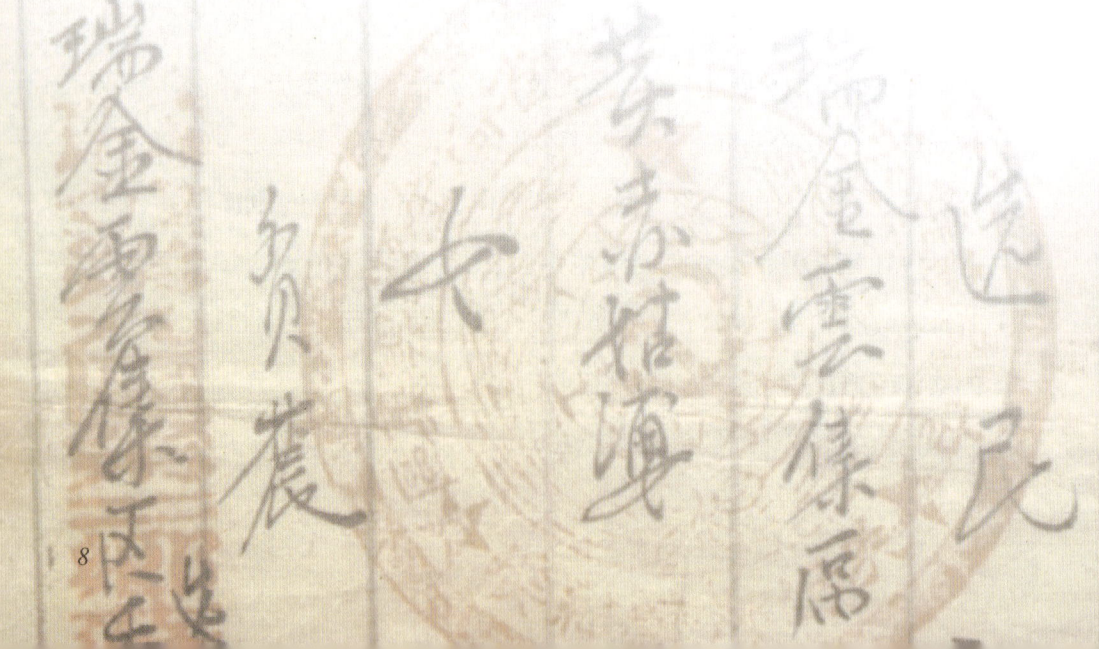

福建省苏维埃政府旧址

1932年3月，福建省苏维埃政府在汀州成立，吴秀英作为汀州市苏代表，出席了成立大会。6月7日，省苏发出训令，决定将每年的5月、8月、10月作为突击扩红的运动月，要求各县、市组织扩红工作队和宣传队。吴秀英积极领导宣传队开展工作，甚至曾在短短的7天里，仅凭自己一人就动员了13名青年参加红军。

1933年9月，兆征县苏维埃政府在汀州成立，吴秀英被选为兆征县苏副主席。她经常对别人说："生我的是娘，养我的是党。我要积极工作，做母亲的好女儿！"为了更好地开展工作，她刻苦学习文化知识，不断提高政治素质。她领导的妇女部在扩红运动中取得了显著成绩，受到了《红色中华》报的表扬。她密切联系群众，对上对下都一样，和蔼可亲，平易近人，工作积极且富有成效，被

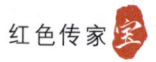

人民群众亲切地称为"我们的女县长",福建省苏主席张鼎丞还称赞她为"苏区女状元"呢!

★ 红色基因我传承 ★

人民代表大会制度是我国人民当家作主的根本途径和最高实现形式,是中国共产党在国家政权中充分发扬民主、贯彻群众路线的最好实现形式,是坚持党的领导、人民当家作主、依法治国有机统一的重要制度载体,是中国特色社会主义制度的重要组成部分。评判一种民主形式好不好,归根结底要看能不能让人民过上好日子。如今,我国的各项制度都是围绕人民当家作主构建的,国家治理体系都是围绕实现人民当家作主运转的,全过程人民民主有着明确的价值导向和完整的制度程序,并日益成为人民的一种生活方式。

# 农业工人也有工会

★ 我有红色传家宝 ★

这张会员证是用布制作的。会员证的左边是封面。封面的最上面,从左到右弧形书写"全世界无产阶级联合起来"字样;正中竖书"中国农业工人工会会员证"字样,其左右两边分别有一个五角星和镰刀锤头交叉的中国共产党党徽图案;封面左边竖写"一九三□年□月□日起,到一九三三年十一月廿二日止"(此处有误,应

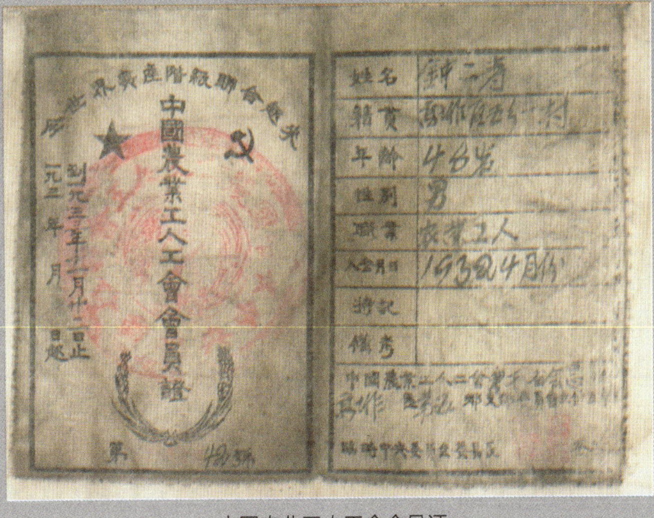

中国农业工人工会会员证

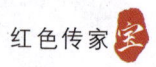

为一九三三年十一月廿二日起）；封面下方，饰嘉禾图案，还有编号第42号；封面中央加盖"中国农业工人工会中央委员会"圆形红色公章。

会员证的右边，记载的是会员的基本信息。姓名：钟二寿；籍贯：高堆区五乡一村；年龄：48岁；性别：男；职业：农业工人；入会月日：1932年4月份。落款：中国农业工人工会粤赣省会昌县高堆区第五乡支部委员会主任，临时中央委员会委员长（由于年代久远，印章姓名已模糊，看不清）。

### 红色故事分享会

## 红军工人师

1909年12月，梁广出生于今广东省新兴县新城镇的一户贫农家庭。梁广12岁就到广州、南海打工，后来进入香港啤利造船厂当学徒，成了一名现代产业工人。生活的艰辛，磨出了他的反抗意识。梁广参加过震惊中外的省港大罢工，后于1927年4月加入中国共产党。

1931年2月，梁广被党组织派到中央苏区指导工人运动。当时，国民党反动派正在对中央苏区发动大规模军事"围剿"。根据革命形势的变化和党中央的号召，全总苏区执行局提出：号召苏区工人带头参军，创建中国工农红军工人师，以增加红军中的工人阶级成分，更好地发挥工人阶级的先锋模范作用。

在工会组织的发动下，苏区工人积极响应，踊跃报名参加红军，到处出现父母送儿、妻送夫、新娘送新郎、兄弟争当红军的动人场面。由于梁广等工会干部的出色工作,前后只用了两个多月,就超额完成了原定8000人的计划,共有12600人参加了红军工人师。

1933年8月1日,中革军委在瑞金举行由全总苏区中央执行局主持筹建的中国工农红军工人师成立大会,并将这支部队命名为"中国工农红军中央警卫师"。军委领导人朱德宣布,任命梁广为警卫师师长兼政治委员,并把军旗交给梁广。梁广庄重地接过军旗,说:"我们是工农的儿子,要消灭帝国主义、国民党反动派,准备流尽最后一滴血,为苏维埃战斗到底!"

红军警卫师成立后,梁广迅速带领部队投入紧张的军事和政治训练。他组织指战员学习红军宗旨、红军纪律,苦练射击、刺杀、投弹和土工作业等军事基本功,使部队的军事政治素质显著提高。

1933年9月,国民党反动派对中央苏区发动第五次"围剿",警卫师迅速投入反"围剿"战争,并担负中央机关的警卫任务。在广昌、上固等地的防御战中,警卫师发扬了中国工人阶级特别能战斗的作风,英勇善战,取得了辉煌战果,为保卫中央苏区作出了重大贡献,被称为红军中的一支"铁军"。

1934年2月,梁广离开警卫师,被调回全总苏区中央执行局工作。中央红军主力长征后,梁广和同志们几经辗转,于1935年5月初抵达上海。不久后,党组织决定派梁广到苏联学习。

结束了在苏联的两年学习生活之

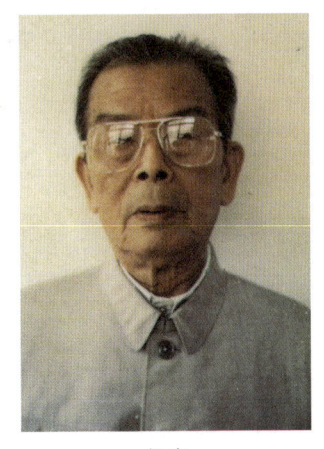

梁广

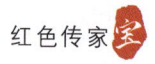

后，梁广于1938年1月回到广东。同年10月，中共东南特委成立，梁广任书记，领导香港、东莞、惠阳、宝安等地的党组织开展抗日武装斗争。全民族抗战胜利后，梁广留在广东工作，成为粤桂边武装斗争的杰出指挥员。中华人民共和国成立后，梁广任中华全国总工会第六届执行委员会常委等职。

1990年6月27日，中国工人运动的先驱、杰出的工会运动活动家梁广同志，因病在广州逝世，享年81岁。

★ 红色基因我传承 ★

工会是党联系职工群众的桥梁和纽带，是国家政权的重要社会支柱。在全总苏区执行局（1933年4月后为全总苏区中央执行局）的组织领导下，中央苏区先后成立了各省职工联合会和各种行业工会。这些工会组织发起和领导各省和各行各业的工会会员，掀起了学先进、当模范、作表率、创一流的热火朝天的劳动竞赛热潮，为打破敌人军事"围剿"和经济封锁，发展生产、繁荣经济、保障供给，巩固苏维埃政权等，发挥了重要的作用。

# 中华苏区革命互济会会员证

★ 我有红色传家宝 ★

中华苏区革命互济会会员证共有5页，可折叠成一个小本子。会员证封面上部书"中华苏区革命互济会"9个字，中间有齿轮、锤头、镰刀、步枪、红旗交叉图案，下部有"会员证"3个字和编号栏。会员证第2页登记的是会员基本情况，有姓名、年龄、籍贯、成分、入会时间、备考等。第3至第4页则是革命互济会的宗旨，共3条：（一）团结革命及同情革命的广大工农和劳苦群众与红色战士，在革命互济精神下，反对帝国主义国民党的白色恐怖，参加中国苏维埃运动的一切斗争。（二）发扬阶级同情与国际互助精神，救济苏区和白区的革命战士及一切为苏维埃政权而奋斗牺牲

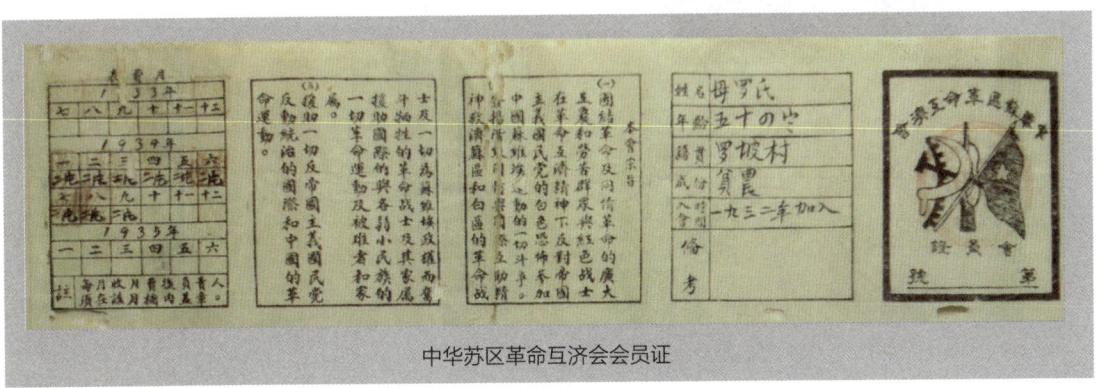

中华苏区革命互济会会员证

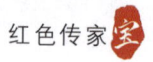

的革命战士及其家属，援助国际的与各弱小民族的一切革命运动及被难者和家属。（三）援助一切反帝国主义国民党反动统治的国际和中国的革命运动。第5页是缴交会费的记录。

★ 红色故事分享会 ★

## 为苏维埃流尽最后一滴血

中华苏区革命互济会，是苏区时期党和苏维埃政府领导的公益慈善救济性群众团体，前身是中国济难会。中国济难会，后改名为中国互济会，于1930年初在上海成立。1930年7月，何叔衡出任中国互济会主要负责人。

何叔衡

何叔衡，字玉衡，1876年5月出生于湖南省宁乡县（今宁乡市），读了8年私塾，26岁时遵父命应试，得中秀才。同年11月，县衙送来请何叔衡去县里掌管钱粮的委任令，但他拒不赴任，宁愿在乡间种地、教书，因此乡里人都称他"穷秀才"。

1911年武昌起义爆发后，何叔衡欣喜若狂，带头剪掉辫子，并向学生宣传同盟会纲领。1912年，中华民国宣布成立后，何叔衡发动学生组织自治会。何叔衡的举动遭到校方的反对，为此他毅然辞去教职，离开家乡，寻找新的革命之路。

1913年春，37岁的何叔衡来到长沙，考入湖南公立第四师范学校，在校期间结识了比自己年轻 10 多岁的毛泽东。"五四运动"爆发后，何叔衡以极大的热情投入斗争。1920 年底，何叔衡和毛泽东等人成立了长沙共产主义小组，并于翌年 7 月与毛泽东作为代表，一同前往上海参加中国共产党第一次全国代表大会，正式组建了中国共产党。

何叔衡和毛泽东回到长沙后，成立了中共湖南支部，在长沙、衡阳、平江、安源、岳州、常德等地发展党员，建立了党小组或支部。根据中共中央指示，这年五一节前后，原中共湖南支部改建为中共湘区委员会，毛泽东任书记，何叔衡任组织委员。从此，何叔衡主要从事党的建设工作。

1930 年，从莫斯科学习归来的何叔衡，任共产国际救济总会和中国互济会主要负责人。

1931 年秋，何叔衡转移到了中央苏区，此时中央红军粉碎了国民党反动派的第三次"围剿"。1931 年 11 月，中华苏维埃共和国临时中央政府成立，何叔衡当选为中央执行委员会委员，并被任命为人民委员会的工农检查人民委员。接着，又被任命为代理内务部人民委员和中央政府最高法院院长等。何叔衡虽身兼数职，任务繁重，但仍日夜操劳，从不敢稍有懈怠。何叔衡对工作要求严格，但批评人从不疾言厉色，而是和风细雨，耐心教育，因此威信很高。

中央红军主力长征后，何叔衡留在江西游击区，以近60岁的高龄，在于都公馆乡协助开展游击斗争。他每天拄着一根拐杖，早出晚归，感动了很多同志。

1935年1月，党组织决定让何叔衡先转移至闽西，再经广东、香港，前往上海，同行的还有瞿秋白、邓子恢等人。一行人于2月24日抵达福建长汀县濯田水口附近的小迳村时，被敌军包围。为了掩护同志们突围，何叔衡纵身跃下悬崖，摔在了山崖下的一块水田里。两个敌兵上前搜身，何叔衡奋力抵抗，壮烈牺牲。何叔衡以自己的实际行动，践行了"为苏维埃流尽最后一滴血"的铮铮誓言。

何叔衡纪念馆

## ★红色基因我传承★

　　中华苏区革命互济会，是苏区时期党和苏维埃政府领导的公益慈善救济性群众团体，前身是中国济难会。1933年4月12日，中华苏区革命互济会在瑞金召开第一次代表大会，正式成立了中华苏区互济总会。在党和苏维埃政府的领导下，中华苏区革命互济会服务中心，融入大局，积极组织参与开展创办互助合作社、助推经济建设，动员群众支前参战、保卫苏维埃政权，营救被捕同志、保存革命火种，慰劳红军红属、消除参军参战人员后顾之忧，消除封建迷信陋习、倡导文明新风，扶残济困、抢险救灾、突显党性宗旨等各项互助救济工作，为苏区红色政权及各项事业的建设与发展发挥了积极作用，作出了重要贡献。

# 中国店员手艺工人工会会员证

★ 我有红色传家宝 ★

这是一张 1933 年 11 月 21 日颁发给邓先洪的中国店员手艺工人工会会员证。该会员证为横排石印版，毛笔填写，毛边纸质，呈黄褐色。会员证正面左边为中国店员手艺工人工会标志图形，以五角星为背景，五角星的中心为镰刀锤头图案，镰刀锤头下面有"会员证"3 个美术字。五角星下面有"自一九三三年十一月廿一日起，

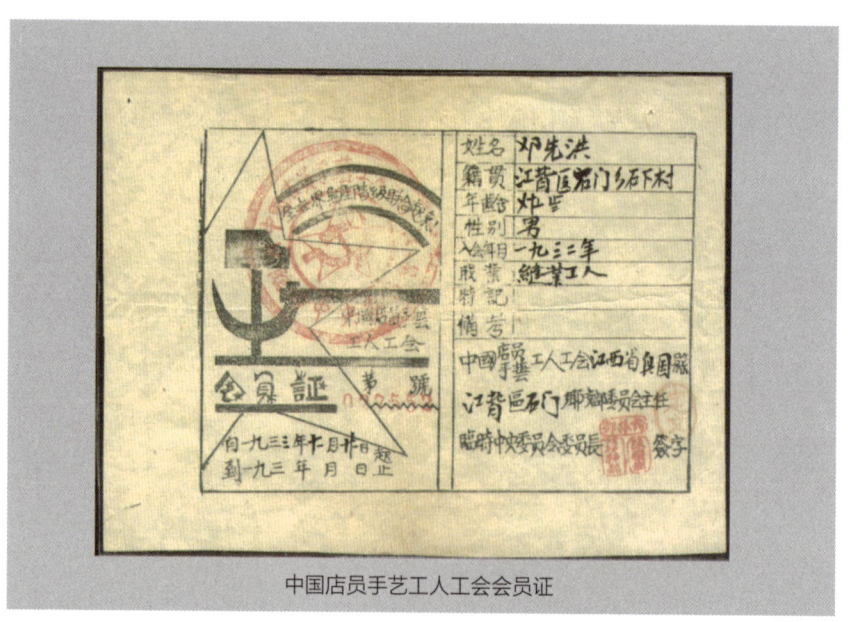

中国店员手艺工人工会会员证

到一九三□年□月□日止"字样。五角星右上角从左向右印有"全世界无产阶级联合起来"字样，五角星右侧印有"中国店员手艺工人工会"字样，注明编号"第027552号"，并盖有印章。

会员证正面右边为表格式。姓名：邓先洪；籍贯：江背区石门乡石下村；年龄：四十二岁；性别：男；入会年月：一九三二年；职业：缝业工人；特记；备考。落款为"中国店员手艺工人工会江西省兴国县江背区石门乡支部委员会主任定文，临时中央委员会委员长邓振询，副委员长陈荣洲、罗梓铭"。会员证背面空白。

## 红色故事分享会

### 生为大众，死为大众

邓振询，又名邓仲铭，1904年9月出生于江西省兴国县，1929年2月加入中国共产党。1930年成为兴国县工人运动的领袖，1932年任江西省职工联合会委员长，组织和领导工人纠察队，有力配合了红军的军事行动。

1934年1月，邓振询任中华苏维埃共和国中央执行委员会委员，同年10月参加长征，任第五军团政治部地方工作部部长。一路上，他深入群众，宣传党的政策，动员群众为红军提供粮食等必要给养。1936年，邓振询肩负中华全国总工会的领导工作，并兼任中华全国总工会西北办事处主任。

邓振询

1937年10月，国共合作抗日局面形成。为了完成新四军的集中整编，开辟敌后抗日游击根据地，邓振询奉命南下参加改编新四军的工作。1938年1月，邓振询抵达福建龙岩，协助邓子恢、张鼎丞等人完成了新四军第二支队的组建工作。1938年春夏之间，新四军第一、二支队主力挺进苏南，逐步建立起了以茅山为中心的抗日根据地。

1940年2月，为了加强苏南抗日根据地的建设，邓振询被派往苏南，先后任中共苏皖区委书记和苏南军政委员会书记，协助陈毅等人实现了苏南抗日根据地的巩固和发展，使苏南根据地成为新四军挺进苏北的桥梁。至1940年底，苏南新四军主力和地方武装发展到了20多万人，粉碎了国民党顽固派对苏南抗日根据地的夹击，为新四军坚持敌后斗争打下坚实的基础。

不久，陈毅率新四军主力进入江北敌后，邓振询则留守江南主持工作，并与罗忠毅、廖海涛组成江南党政军委员会。在此期间，邓振询组织颁布了《为坚持江南敌后抗战之纲领》，提出了"坚持

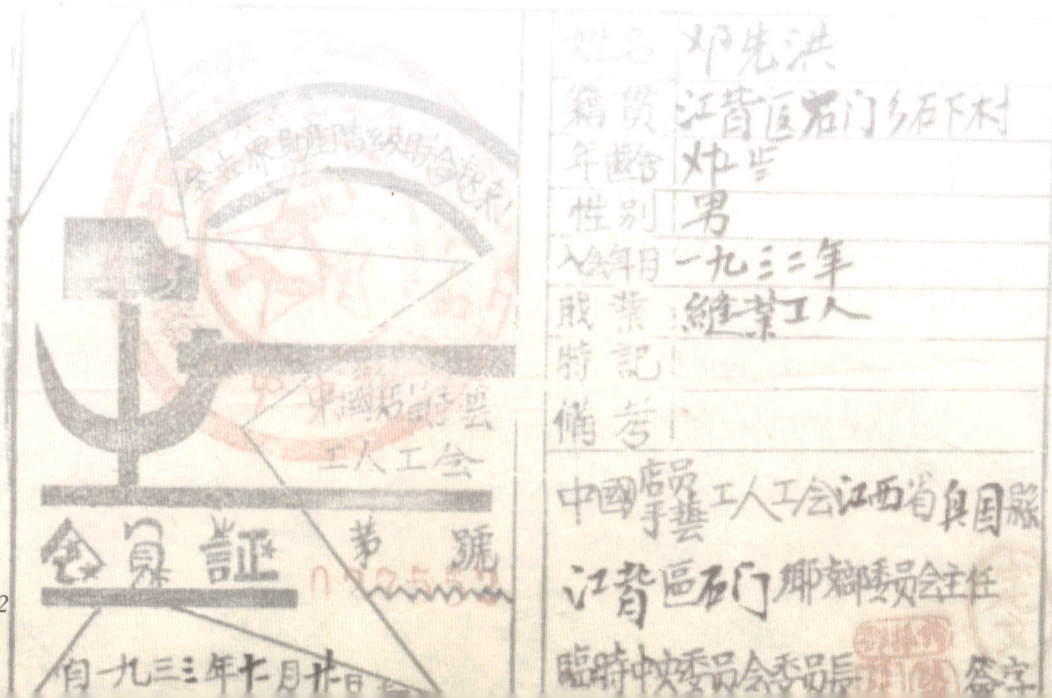

江南抗日战争，驱除日寇出江南，驱除日寇出中国"等主张，号召江南人民"团结一致共同奋斗"，这些都为发展和巩固苏南抗日根据地起到了重要的指导作用。

1941年8月，邓振询随新四军第十八旅主力渡过长江，进入苏中地区工作。1942年2月，邓振询在阜宁单家巷参加华中局扩大会议，并在会上作了《关于苏南工作的报告》，全面介绍了苏南地区的工作。1942年8月，邓振询被调入华中局党校学习，学习结束后先任华中局民运部部长，同年底转任中共苏皖区委书记。

1943年3月，邓振询在溧水县（今南京市溧水区）蒋家小学主持召开了苏南各县县长联席会议，总结了两年来抗日民主政权建设工作，讨论通过了《苏南施政纲领》，成立了苏南行政公署。在此期间，邓振询坚持抗日民族统一战线，恢复党的组织和抗日武装，开展群众运动，使苏南抗日民主根据地得到巩固和发展。

1943年4月，国民党调集13个团的兵力，向驻溧水、溧阳的新四军部队发起进攻。江渭清、邓振询率领苏南军民奋起反击，在曹山、芎蓬山一线将敌军击退。6月中旬，国民党军向新四军发动第二次进攻。为保存力量，新四军主力撤出溧水地区，邓振询随军转移到横山地区。8月3日黄昏，部队遭遇敌军，邓振询沉着地指挥战士们渡河。邓振询最后一批渡河，当时天色已黑。没想到，船行到河中央突然翻沉，邓振询不幸落水牺牲，年仅39岁。

邓振询牺牲后，同志们在挽联上写道："昔奔革命，今奔革命，中国共产党功绩伟大；生为大众，死为大众，苏南邓主任精神不死。"这是邓振询革命生涯的真实写照。

## ★ 红色基因我传承 ★

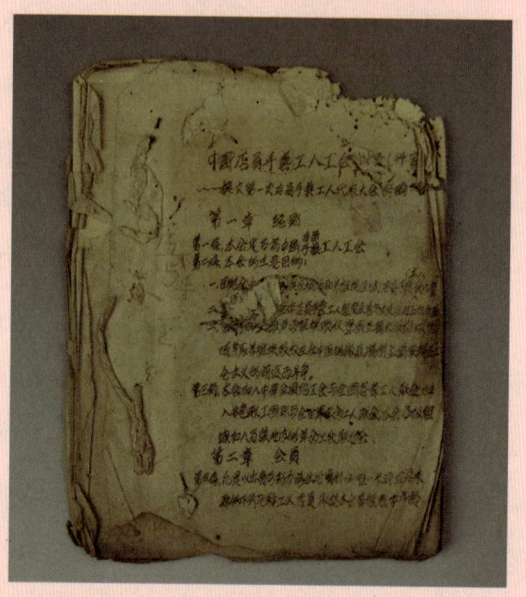

全国总工会苏区中央执行局颁布的《中国店员手艺工人工会章程》

中国店员手艺工人工会会员证虽然重量很轻，但是分量极重，它见证了苏区工会由弱到强的发展历程，见证了苏区工人阶级队伍与力量的发展壮大，见证了苏区工会在组织动员苏区工人群众加入红军、参加与拥护革命战争、巩固和发展红色政权、拥护中国共产党领导等工作中，作出了巨大的贡献。1934年1月，毛泽东在第二次全国苏维埃代表大会上曾对苏区工会给予高度评价："苏区工人组织了坚强的阶级工会。这种工会是苏维埃政权的柱石，是保护工人利益的堡垒，同时它又成了工人群众学习共产主义学校。"

# 当红军可免税

★ 我有红色传家宝 ★

这是一张1933年12月24日签发的红军家属土地税免税证。免税证上详细列出了姓名、成分、人口数、田亩数、收成数量、免

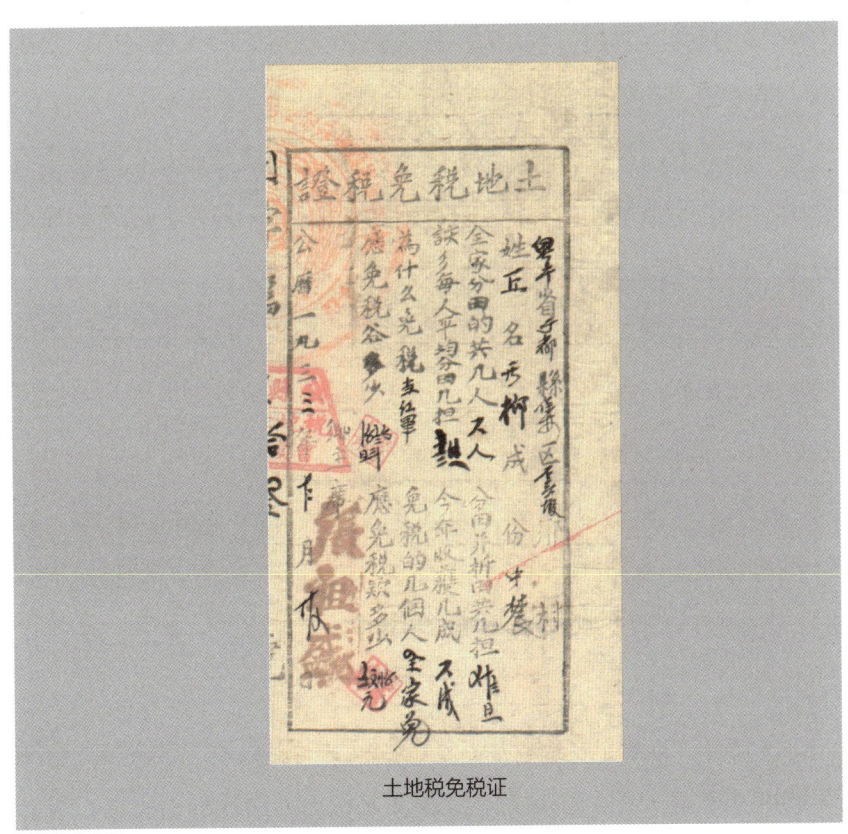

土地税免税证

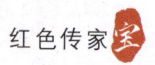

税原因、免税数额等信息，后面盖有乡苏维埃政府主席张祖盛的红色印章。

## 红色故事分享会
## 八子参军

　　杨荣显是江西瑞金下肖区七堡乡第三村的一名普通农民，他和妻子共育有8个儿子。

　　一直以来，杨荣显一家都过着艰难的日子，年头忙到年尾，也只能勉强维持温饱。村里绝大多数人家，都和杨荣显家一样，在那个年代，农民没有自己的土地，只能靠租种地主的土地生活，吃不饱、穿不暖，如蝼蚁一般过着卑微的日子。

　　红军来了，建立了苏维埃政权，实行了土地革命，农民终于有了属于自己的土地和山林。有了土地之后，杨荣显带着儿子们辛勤劳作，日子过得一天比一天好，几个儿子也相继娶了媳妇。

　　杨荣显知道，这样的好日子是共产党给的，是红军给的，所以他坚决拥护苏维埃政权。后来，杨荣显毫不犹豫地把老大和老二送去参军，并告诉他们要做一个勇敢的战士。

　　兄弟二人告别父母，跟着部队上了战场。然而不到3个月，兄弟俩就战死沙场。噩耗传到家中，杨荣显悲痛欲绝，但他并不后悔，他知道，只有红军才能给老百姓带来幸福生活，跟着红军打仗是正确的。

　　1932年12月，敌人对中央苏区发动了第四次"围剿"，企图一举歼灭红军。当时中央苏区只有8万兵力，前线战事吃紧，兵源

绘画《八子参军》

短缺。为了争取反"围剿"战争的胜利,苏维埃政府在苏区发起了扩红运动。苏区群众纷纷响应,将自己的儿子、丈夫送到了征兵报名处。这次,杨荣显干脆将6个儿子全部带去报名了。因为较小的3个儿子年龄尚小,最终只有老三、老四和老五应征入伍。后来,在激烈残酷的战斗中,杨荣显的3个儿子又相继牺牲。短短一年之内,就失去了5个儿子,杨荣显内心的痛苦是无法用语言来形容的。但是,他在痛哭难过之后,又一次下定决心,只要前线需要,他一样会把另外3个儿子送去参军。

1933年9月,敌人对中央苏区发动了第五次"围剿"。在前

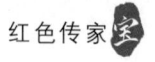

线战事最为艰难的时候，苏区群众又一次响应号召，掀起扩红运动高潮。杨荣显做出了一个惊人的决定：将剩下的3个儿子送到征兵处。村民们劝道："留下一个吧，给你养老送终。"可是，深得红军恩惠的杨荣显还是决定将儿子们全部送上战场。不久，战场又传来噩耗，老六在广昌战役中不幸牺牲。杨荣显听后，老泪纵横。

时任红军总政治部秘书长的邓小平听说杨荣显的举动后，备受感动。百忙之中，邓小平派人去看望了杨荣显，并告诉杨荣显："为了革命，你已经牺牲了6个儿子，组织决定帮您将老七和老八找回来，给您养老送终。"

对于组织上的慰问，杨荣显很感动，但当听到要将最后两个儿子找回来时，他却坚决不答应。经过多方打听，组织终于在宁都黄陂战场，找到了杨荣显的两个儿子老七和老八，并将来意告诉了兄弟俩。没想到兄弟二人却坚定地说："等打完这一仗再回去！"

然而战场无情，仗还没打完，老七和老八就和他们的6个哥哥一样，将自己的生命献给了革命事业。考虑到杨荣显的身体状况，这次大家对他隐瞒了老七和老八牺牲的事实。

1934年秋，体弱多病的杨荣显走到了生命的尽头。弥留之际，杨荣显一直轻声呼唤着8个儿子的乳名，想见儿子最后一面。在场的人都落泪了，但大家还是不愿将那个悲痛的事实告诉他，就算给他留个念想。

就这样，杨荣显带着对共产党的感恩之情，带着对儿子们的思念之情，走完了平凡而又伟大的一生。

★ 红色基因我传承 ★

1931年11月,中华苏维埃第一次全国代表大会召开。会议通过了《中国工农红军优待条例》,从法律上为红军和红军家属的权益提供了保障。这部条例对红军和红军家属在分田、纳税、抚恤、婚姻等各方面的权益,作了具体详细的规定。此后,中央苏区各级党和政府还颁布了《执行优待红军条例的各种办法》《关于优待红军家属的决定》等多部法律、法规、条例和各项规定、办法。红军优待条例的颁布和实施,对进一步激发红军官兵的斗志,巩固和提高部队的战斗力具有积极作用,从而吸引了大批苏区群众踊跃报名参加红军。同时,红军优待条例的颁布和实施,也是中国共产党全心全意为人民服务的写照。正是因为长期坚持走群众路线,与群众同甘共苦,中国共产党才赢得了人民群众的支持和拥护,吸引了更多的人铁心跟党走,推翻国民党的反动统治。

《中国工农红军优待条例》

# 周恩来、张爱萍发出的宣传单

★ 我有红色传家宝

这是周恩来、张爱萍于1934年2月16日发出的宣传单，宣传单的具体内容如下。

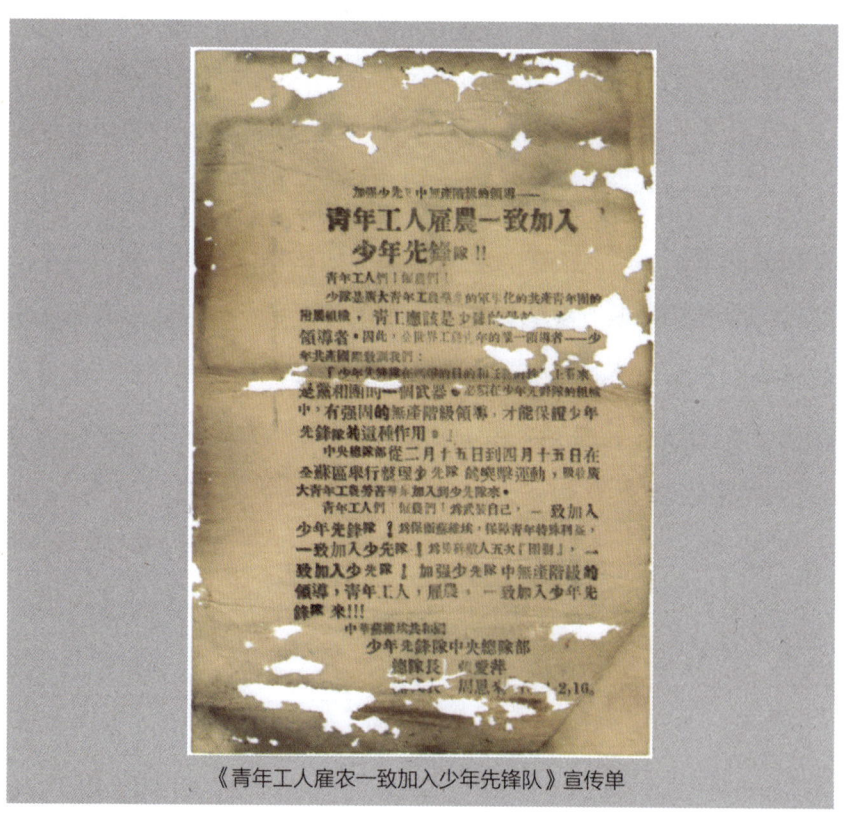

《青年工人雇农一致加入少年先锋队》宣传单

加强少先队中无产阶级的领导——

## 青年工人雇农一致加入少年先锋队！！

青年工人们！雇农们！

少队是广大青年工农群众的军事化的共产青年团的附属组织，青工应该是少队的骨干，（少队的）领导者。因此，全世界工农青年的唯一领导者——少年共产国际教训我们：

"少年先锋队在斗争的目的和任务的性质上看来，是党和团的一个武器，必须在少年先锋队的组织中，有强固的无产阶级领导，才能保证少年先锋队的这种作用。"

中央总队部从二月十五日到四月十五日在全苏区举行整理少先队的突击运动，吸收广大青年工农劳苦大众加入到少先队来。

青年工人们！雇农们！为武装自己，一致加入少年先锋队！为保卫苏维埃，保障青年特殊利益，一致加入少先队！为粉碎敌人五次"围剿"，一致加入少先队！加强少先队中无产阶级的领导，青年工人，雇农，一致加入少年先锋队来！！！

中华苏维埃共和国少年先锋队中央总队部

总队长：张爱萍

党代表：周恩来

1934.2.16

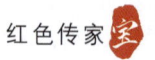

★ 红色故事分享会 ★

## 英雄的少共国际师

在红军中有一支特别的队伍，战士平均年龄只有 18 岁，这就是由"红小鬼"组成的少共国际师。这支队伍虽然只存在了 532 天，却为保卫苏维埃和中央红军主力战略转移作出了重大贡献，书写了可歌可泣的壮丽诗篇。

中央苏区第四次反"围剿"战争胜利后，蒋介石重新调集重兵，准备发动第五次"围剿"。红军总部收到的情报表明，此次"围剿"，敌军兵力将远远超过前四次。因此，中共中央决定尽可能地扩大红军。

1933 年 5 月上旬，红军总政治部提出创建"少共国际师"的建议，之后少共苏区中央局作出了创立"少共国际师"的决定，并进行动员部署。仅用了三四个月，就有 1 万多名团员、少先队员与劳苦青年报名参军。

1933 年 8 月 5 日，少共国际师在江西宁都成立，同时举行隆重的出征誓师大会。周恩来代表红军总部授旗，并勉励他们："要爱护你们光荣的战斗的军旗，英勇奋斗，把它插遍全中国！"

当时，少共国际师的指战员平均年龄很小，很多战士都只有十四五岁。少共国际师（后定番号为红十五师）归红一方面军总部直接指挥。不久，17 岁的萧华被任命为师政治委员。

誓师大会后，部队开赴广昌进行军事政治训练，着重操练军事基本动作，上军事常识课，学习利用地形、地物，以及挖战壕等土工作业，还用梭镖当刺刀，练习刺杀。

这些年轻战士虽然都刚穿上军装，但他们对战斗并不生疏，多数人入伍前就在反"围剿"战争中配合红军打过仗，有的担任过对敌侦察和警戒工作，有的还打过游击。

1933年10月，在第五次反"围剿"中，少共国际师打响了出征的第一仗。由于每人只发了10颗子弹，一阵猛攻过后，子弹便被打光了，战士

1933年8月20日《红色中华》报刊登报道《壮伟的少共国际师授旗典礼》

们只能勇敢地冲入敌阵，与敌人拼刺刀。不到两个小时，战士们就干净利索地全歼了敌军一个连。少共国际师乘胜追击，渡过富屯溪，再次击溃敌军200多人，还在莲花山歼敌一个排哨，前后共歼敌300多人，缴获了大量枪支弹药，取得了闽北拿口战斗的胜利。首战告捷，朱德、周恩来发来贺电，称少共国际师"铁拳初试"。

随后，在收复黎川的战斗中，少共国际师多次承担急难险重任务，曾以一个团的兵力阻击敌军8个团的猛烈进攻。在团村战斗中，师长吴高群冒着敌人炮火，深入前沿指挥，遭到敌人炸弹袭击，壮烈牺牲。他在牺牲前说的最后一句话是："希望同志们为我们少共国际师争光。"

少共国际师充分发挥青年人敢想敢拼、胆大心细的特点，不断创新战斗模式，在闽赣地区神出鬼没，多次立下奇功。各地共青团、少先队和儿童团纷纷响应，积极加入这支朝气蓬勃的队伍。

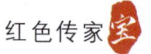

在石城保卫战中,为了掩护主力部队转移,1万多人的少共国际师队伍打得最后只剩下一半,他们以血肉之躯筑起了钢铁防线。后来,队伍在补充2000多名新生力量后,跟随中央红军开始长征。

少共国际师边战斗边行军。1934年底,红军抵达湘江,少共国际师迎来了最严峻的考验。由于长征初期红军辎重太多,加上湘江水流湍急,国民党反动派企图在红军横渡湘江之际,将红军一举消灭。于是阻击敌人,为渡江红军创造条件,成了少共国际师最艰巨的任务。

少共国际师先在湘西延寿圩抗击敌军4个团的追击,又在界首地段保卫红军渡河渡口。湘江之战结束后,少共国际师仅存2700多人,付出了惨重的代价,终于胜利完成了中央赋予的任务。

遵义会议之后,为了提高部队的战斗力,使部队更加精干,少共国际师与红一军团主力合并。

从1933年8月5日成立,到1935年2月10日撤编,少共国际师仅存在了532天。

队伍虽然年轻,脸庞虽然稚嫩,但少共国际师的意志品质和所有红军队伍一样,他们经受住了血与火的考验。他们在战斗中锤炼出了"先锋少年、淬火成钢、信念坚定、英勇向前"的精神品质,在中国革命史上留下了彪炳千秋的功绩。

## ★红色基因我传承★

少年先锋队中央总队部旧址

苏区少年先锋队（简称少先队），是革命根据地广大劳动青年的半军事化组织，是中国工农红军的后备军。参加的成员是16—23岁的男女劳动青年，共青团员则必须参加，并成为少先队的领导骨干。少先队的任务是在党和团的领导下，组织青年学习政治，学习文化，提高阶级觉悟和政治文化水平，参加军事训练，掌握军事知识和技术，随时准备完成苏区党政部门交给的各项任务，包括配合红军正规部队的作战任务，并且随时准备加入工农红军。

# 永定县苏维埃政府
# 征收土地税收据

★ 我有红色传家宝 ★

这是一张福建省永定县（今福建省龙岩市永定区）苏维埃政府征收土地税的收据。收据的抬头为"永定县苏维埃政府征收土地税收据"，下方竖书："闽西苏维埃政府为给发土地税印收事兹据。永定县二区莲塘乡徐斌汗户，共8人，每人领耕单（双）季田5担。折扣实数共221石（填写有误）。根据本政府颁布税率百分之十，应纳土地税谷四石八斗六升二合正。按时价每元二斗六升，折扣大洋十八元七角〇分正。当即缴清，合给三联印收付执为据。永定县苏维埃政府

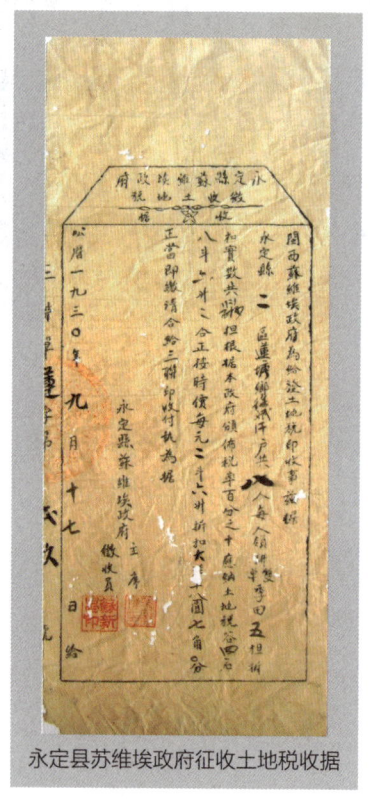

永定县苏维埃政府征收土地税收据

主席谢献球，征收员苏新昌。公历一九三〇年九月十七日给。"这张收据的骑缝编号为"莲字第贰拾玖号"，"莲"代表莲塘乡。

永定县苏维埃政府征收土地税收据

★ 红色故事分享会 ★

## "农运大王"彭湃

海陆丰革命根据地是土地革命战争时期全国13块革命根据地之一，是闻名全国的革命老区。1927年11月，这里建立了中国第一个苏维埃政权。领导创建海陆丰革命根据地的彭湃，被毛泽东誉为"农民运动大王"。

彭湃是广东海丰人，1896年10月出生于一个地主家庭。在母亲的影响下，年幼的彭湃对贫困农民有了同情之心。彭湃聪慧好学，6岁进私塾，14岁到海丰第一高小读书，1917年前往日本求学。1919年9月加入同盟会。1920年在日本成立"赤心社"，研究马列主义的救国救民之路。1921年5月初，彭湃从日本回国后加入中国社会主义青年团，同年10月，任海丰县劝学所所长，后因组织学生举行盛大游行，引起当局不满而被罢免。

彭湃

彭湃感到伤心的，不是自己被罢免，而是这次活动没有得到农民的大力支持。彭湃发现，自己开展农民运动时，老百姓都以为他是来收租的，便纷纷躲开。为了拉近与农民的距离，彭湃做了一个大胆决定，"把家财拿出来从事农运活动"。

彭湃脱下西装，戴上尖顶竹笠，当众烧毁属于自己的田契，辗转奔波于各地农村，向贫苦农民宣传革命道理，号召农民组织起来，为争取自己的权益而斗争。他先后组织成立了"六人农会"和"赤山约农会"，并于1923年1月领导成立了海丰县总农会。

彭湃在海丰把农民运动做得有声有色，引起了中国共产党的注意。1924年4月，彭湃抵达广州，并加入中国共产党。在广州，彭湃任第一届农民运动讲习所主任，他结合自己的经验进行授课，培养了一大批农运骨干人员。

1925年4月，彭湃成立中共海陆丰特别支部，5月1日正式成立广东省农民协会。10月29日，中共海陆丰特别支部改为海陆丰地委，彭湃为书记。1927年3月，彭湃前往武汉，任中华全国农民协会执行委员。

此时正处于国共合作期间，大革命看似轰轰烈烈，其实暗流涌动。一场严重的灾难即将降临共产党人身上。

1927年4月12日，蒋介石发动反革命政变，大肆抓捕和屠杀共产党人。彭湃化悲痛为力量，继续从事革命工作。1927年11月，彭湃领导了海陆丰武装起义，并建立了中国第一个红色政权——海陆丰苏维埃政府。

1927年11月，海陆丰苏维埃政府成立

海陆丰武装起义成功后不久的1927年12月11日，张太雷、叶挺、叶剑英等人领导发动了广州起义，但起义很快遭到敌人反扑，起义军只得撤出广州。得知消息后，彭湃立即组织海陆丰农民武装前去接应，后来又带着武装部队在海陆丰、惠来、潮州一带开展游击战，保卫苏维埃政权。1928年11月，彭湃任中央政治局委员，而后前往上海工作，出任中央农委书记、中共江苏省委书记。

1929年8月，由于叛徒出卖，彭湃被捕。彭湃视死如归，坚贞不屈，后于8月30日英勇牺牲，年仅33岁。

2009年，彭湃被评为"100位为新中国成立作出突出贡献的英雄模范人物"之一。

### ★ 红色基因我传承 ★

1929年初，红四军在向赣南闽西进发途中，毛泽东就起草颁布了《红军第四军司令部布告》，提出"累进税法，最为适用；苛捐杂税，扫除干净"的主张，为革命根据地税收的开征指明了方向。闽西苏维埃政权建立后，立即废除了各种苛捐杂税，逐步建立适应革命战争需要，又符合实际情况，深受广大革命群众拥护的崭新税收制度。1929年7月，中共闽西第一次代表大会通过《关于土地问题决议案》，首次提出征收土地税。这张永定苏维埃政府征收土地税收据，注明税率只有10%，极大地减轻了农民负担。因此，这张收据是苏区群众积极交纳土地税、支援革命斗争的见证，也是中国共产党人努力减轻人民负担、帮助农民摆脱贫困的缩影。

# 一张特殊的税票

★ 我有红色传家宝 ★

　　这张税票特别大，票幅为303毫米×275毫米。税票上除了注明税收名称、纳税人地址和姓名、纳税金额、经手人、纳税时间及纳税标准之外，还有一则较大篇幅的文字《为什么要征收累进税？》。

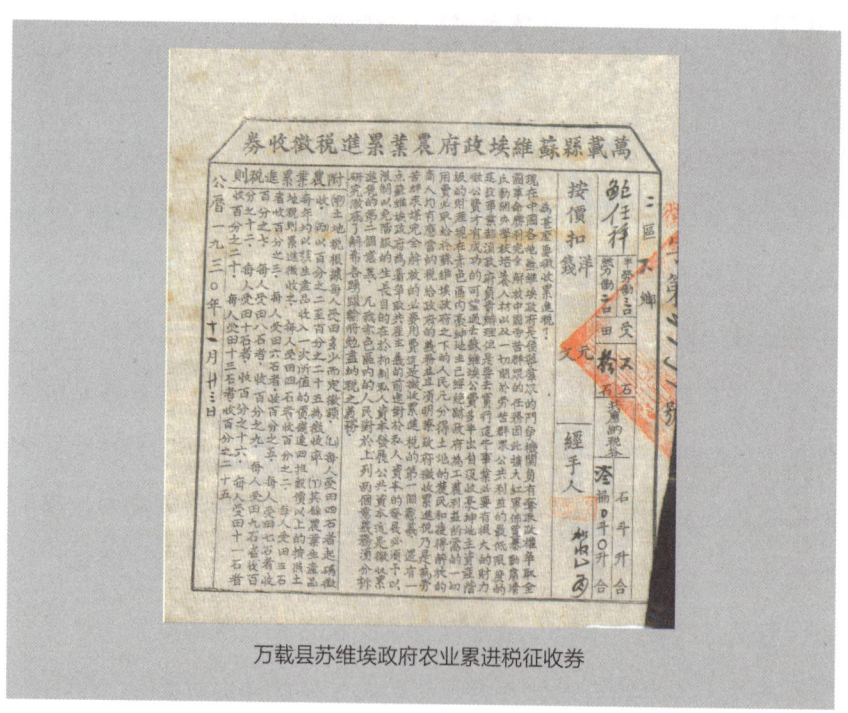

万载县苏维埃政府农业累进税征收券

《为什么要征收累进税？》是这样写的："现在中国各地苏维埃政府是领导群众的斗争机关，负有夺取政权争取全国革命胜利、完全解放中国劳苦群众的任务。因此，扩大红军、布置暴动、肃清反动、开办学校、培养人才，以及一切关于劳苦群众公共利益的最低限度的建设事业，都需政府负责办理。但是，要去实行这些事业，必要有很大的财力做公费，才有成功的可望。过去苏维埃公费，多半出自没收豪绅地主资产阶级的财产。现在赤色区内豪绅地主已经绝迹，政府为工农利益所需的一切用费，必取给于苏维埃政府之下的人民。凡分得土地的农民和获得解放的商人，均有应当纳税给政府的义务，并且须明了政府征收累进税乃是为劳苦群众谋完全解放的必要用费，这是征收累进税的第一个意义。还有一点，苏维埃政府为着争取共产主义的前途，对于私人资本的发展，必须予以限制，以免阶级的生长，目的在于抑制私人资本发展公共资本，这是征收累进税的第二个意义。凡我赤色区内的人民对于上列两个意义，务须分析研究，彻底了解，希各踊跃输将勉尽纳税之义务。"

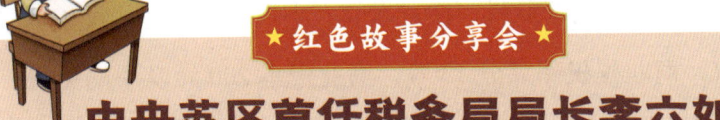

★红色故事分享会★

## 中央苏区首任税务局局长李六如

李六如，湖南省平江县人，1887年出生，1921年加入中国共产党。李六如是中央苏区税务工作的主要创始人和开拓者之一。

1913年，李六如留学日本明治大学，专攻政治经济学。1918年，李六如回到家乡，曾先后在平江县城开办救民工厂和兴业织布公司。1930年夏，李六如调入中央苏区工作，担任闽西苏维埃政

红色传家宝

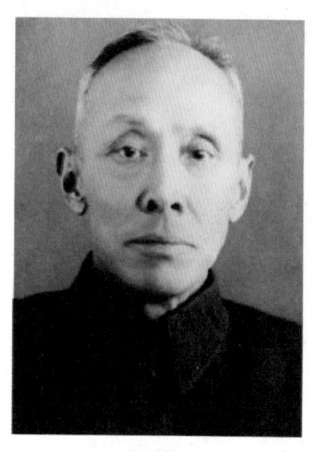

李六如

府秘书长,直接领导闽西苏区财政、金融等工作。1931年11月,李六如调入中央财政人民委员部税务局,任首任局长。

中央苏区建立初期,税收工作处于各自为政的状态,财政收入主要靠打土豪、没收筹款、战争缴获、动员商人捐派等方式获取。随着土地革命的不断深入,"取之于敌"的财源减少,苏区政府的开支大量增加,特别是数次反"围剿"战争之后,苏区财政更显窘迫。

要保证苏区财政有稳定的来源,就必须改"取之于敌"的模式为"取之于民"。李六如积极完善财税法规,参与制定《中华苏维埃共和国暂行税则》,废除了国民党军阀的一切赋丁粮、苛捐杂税、厘金等,实行统一的累进税,将苏区税收分为商业税、农业税、工业税三大类。商业税是中央苏区税收的重要组成部分,税务机关根据商家领取的营业税,按资本的大小规定税率,征收盈利部分的税收,商业税税率共分13等,商业资本200元以下的免税;农业税又称土地税,包括山林、田地税,农业税也实行累进税,分12等,主要针对粮食生产征收,农副产品不征或少征;关税是调节进出口货物,促进经济发展的重要武器。中央政府还出台相关政策,对一些税收实行减免,如实行优待红军和家属政策,规定红军在服务期间,本人及其家属免交苏维埃国家的一切捐税;对政府工作人员减收或免收土地税;对遭受天灾人祸的群众给予减免税;对苏区紧缺物资进口，免收关税……这些政策，彰显了苏维埃税收的革命性和阶级性。

李六如还与财政部部长邓子恢联合颁布了《财政部暂行组织纲要》，联合签署了《关于统一税收问题》《关于统一会计制度问题》《关于整顿商业税问题》等训令，主持制定了《工商业登记规则》《土地税征收细则》《关税征收细则》等法规。

在李六如的领导下，中央苏区大力加强税务组织机构建设，设立农业税征收科、商业税征收科、关税征收科、商业登记管理处、财会总务处等。自1931年起，中央苏区先后在江西赣县茅店设立税务所，在福建省上杭县官庄、同坑塘、石圳潭等地设立关税处。积极加强税收宣传，通过工商业登记、纳税申报、税收检查、统一税收会计与票证等举措，建立了较为完善的税收管理制度，为人民

李六如故居

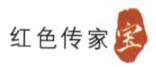

政权税收征管工作积累了宝贵经验。

李六如领导的中央苏区税收工作,开创了中国革命税收事业的新纪元,创立了中华人民共和国税收雏形,是中国共产党领导税收工作的一次伟大尝试。

★ 红色基因我传承 ★

中华苏维埃共和国的财政税收制度是一种崭新的制度,苏区的税收是根据分得田地的多少、稻谷收成的多少等,来制定不同的征收税率的,这为巩固苏区政权、发展与繁荣苏区经济、支援革命战争发挥了重要作用。把《为什么要征收累进税?》这一宣传资料直接写进税票之中,把中国共产党"为劳苦群众谋完全解放""苏维埃政府为着争取共产主义的前途"的初心使命刻在农业税票上,这是中国财政税收史上的创举。

# 江西工农银行壹圆纸币

★ 我有红色传家宝 ★

筹措战争经费、集中现金是江西工农银行成立后面临的主要任务。由于缺乏印钞材料，战争形势又刻不容缓，江西工农银行采取了临时措施——在面值壹角的吉安临时辅币券上，加盖"江西工农银行暂借发行券"和五角形赤色区通用的图印。第二次反"围剿"战争胜利后，1931年7月，为进一步巩固根据地经济金融市场，江西工农银行逐步收回了工农银行暂借发行券和东固银行铜圆票，

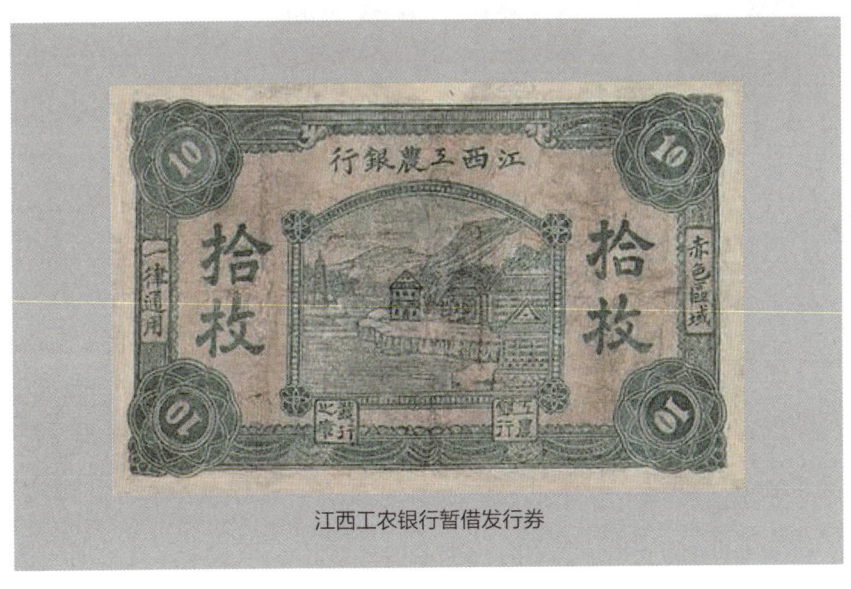

江西工农银行暂借发行券

独立印制了新钞票。

江西工农银行壹元纸币为石印单色印刷，设计巧妙，十分精美。纸币正面为框图结构，4个角各有一个阿拉伯数字"1"；主图为马克思和列宁的头像；主图上方书"江西工农银行"字样；主图中间为竖写的"壹圆"字样；主图右边写着"增加工农生产"，左边写着"发展社会经济"。纸币背面也是框图结构，4个角各有一个"壹"字，主图为花纹图案，其右侧有编号。

江西工农银行壹圆纸币（正面）

江西工农银行壹圆纸币（背面）

## ★红色故事分享会★
### 无法仿造的签名

1932年2月，中华苏维埃共和国国家银行正式成立。成立之初，国家银行只有会计、总务、记账员和出纳员等5名工作人员，人手有限，各项工作开展得很不容易。

出于统一苏区财政货币制度的目的，同年7月，中华苏维埃共和国国家银行决定发行苏维埃纸币。中华苏维埃共和国国家银行克服了制造印钞纸、收集油墨、设计票样、影制铜版等种种困难之后，终于拥有了自己的钱币。

中华苏维埃共和国国家银行旧址

中华苏维埃共和国国家银行玉质印章

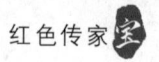

就在国家银行热火朝天地印刷发行纸币的时候，国民党反动派就盯上了这些刚刚发行的纸币。

当时，敌人对中央苏区进行了一次又一次"围剿"，但是苏区军民不仅一次次地粉碎了他们的"围剿"，筑起了苏区的铜墙铁壁，还轰轰烈烈地创办了银行，发行了货币，这让国民党反动派非常恼火。国民党反动派不甘心，他们正在酝酿一个阴谋诡计：一旦苏维埃纸币正式发行，他们就马上制造假币"挤"入市场，制造混乱。

见到苏区纸币之前，敌人非常有信心，然而当他们终于拿到苏区纸币，准备仿制时，这才傻了眼。

当时，敌人已制好了仿制苏区纸币的铜版，也准备好了印刷材料，可谓"万事俱备"，可他们还是遇到了一个大难题，那就是如何仿造苏区纸币上的两个签名。敌人请来各路专家，想尽各种办法，最终仍无法仿造。无奈之下，国民党反动派只好放弃这个阴谋。

这是怎样神奇的两个签名，竟成功阻止了敌人的破坏阴谋？是谁提议将它们印在中华苏维埃共和国国家银行的纸币上的？这两个签名的具体内容又是什么？

解铃还须系铃人，直到20世纪八九十年代，经这套苏区纸币的设计者黄亚光解释，人们才终于解开了心中的谜团。

原来，当时印在中华苏维埃共和国国家银行纸币上的那两个签名，并非什么高深莫测的神秘符号，而是当时担任中华苏维埃共和国国家银行行长的毛泽民的俄文签名。

就这样，毛泽民略施妙计，就成功粉碎了敌人的假币入侵阴谋，保障了中央苏区金融体系的稳定。

## ★ 红色基因我传承 ★

中央苏区第三次反"围剿"胜利后，赣西南革命根据地和闽西革命根据地很快连成一片，形成中央革命根据地。1931年11月，中华苏维埃共和国临时中央政府成立，宣布统一根据地的货币制度，决定将江西工农银行与闽西工农银行合并组建"中华苏维埃共和国国家银行"，江西工农银行完成了它的历史使命。江西工农银行主要为支援反"围剿"的战争需要而创办，有其特殊性，只存续了一年多，其间连续随军转移，行址不断变迁，在艰难的战争环境中出色地完成了筹集战争经费、集中现金、执行国家金库和组织货币流通的任务，在革命金融事业中起到了承上启下的重要作用，在中央革命根据地创建中作出了不可磨灭的历史贡献。

# 永定县第一区信用合作社股票

★ 我有红色传家宝 ★

这是一张永定县（今龙岩市永定区）第一区信用合作社股票。该股票为毛边纸单面三色石印，票面分为上、中、下三部分。股票上部印有"永定县第一区信用合作社"字样，以及红五角星、两面红旗、地球，地球上有"世界大同"字样，地球下有"股票"两个大字。股票中部为一横式表格，载有股票购买人的相关信息，包括：姓名、住址、年龄、职业、股数、股金数目、入股期、给票时间、给票经手人等，并盖有"永定县第一区信用合作社"红色圆形骑缝公

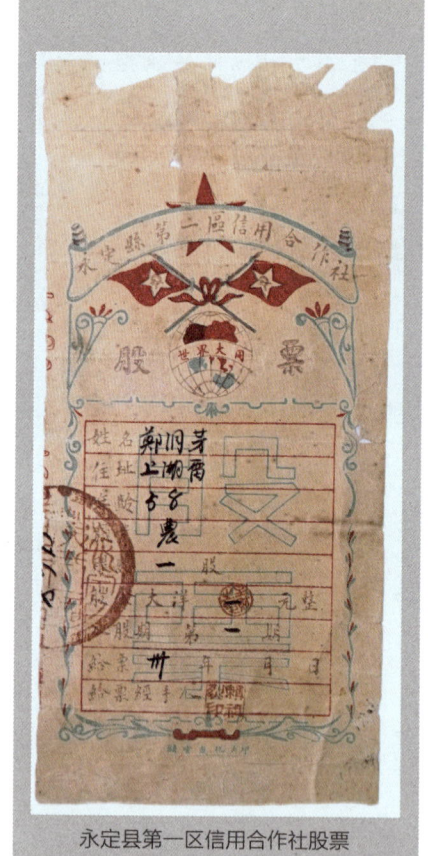

永定县第一区信用合作社股票

章，经手人赖祖烈的个人印章和一个防止缴款金额被改动的"主财之印"圆形小印章。股票下部是股票单位落款：进化石印社。

**红色故事分享会**

## 共和国金融的"源头活水"

20 世纪 20 年代，土地革命战争前，由于帝国主义、封建主义双重压榨，贫苦农民深陷高利贷、劣币杂币、生产剪刀差等"三重大山"的压迫和剥削。

1929 年 7 月，红四军入闽建立闽西革命根据地后，毛泽东在上杭蛟洋文昌阁指导召开中共闽西"一大"。大会通过的《苏维埃政权决议案》指出，"苏维埃政府既为工农兵的政权，它的工作自然就为工农贫民兵士谋利益的"，并提出了"开办合作社""统一度量衡及币制"等主张。

1929 年 9 月，中共闽西特委发出通告要求，"由县区政府经济委员会有计划地向群众宣传，并帮助奖励群众创造合作社，如信用合作社等，使农民卖米买货不为商人所剥削，而农村储藏资本得以收集，使金融流通"。

1929 年 10 月，中共永定县太平区委、区苏维埃政府响应号召，组织群众募股集资，创办永定太平区信用合作社，上杭北四区、永定丰田区等地也创办了多家信用社，成为全国最早的一批红色信用合作社。其中，永定县成立 9 家，基金共有 10528 元。永定太平区、丰田区及上杭北四区的信用社还发行过纸币。

1930 年 3 月 24 日，闽西第一次工农兵代表大会通过决议案，

永定太平区信用合作社旧址

制定"经济政策决议案""借贷条例"等法条规章,规定"商人不得操纵金融""发行纸币机关,要信用合作社才有资格"等保障条例,堪称红色金融法制史上的"最早实践"。

1933年8月,中华苏维埃共和国吸收闽西经验,号召"必须以最大的力量和速度,使每一区有一个信用合作社"。至1934年,闽西共发展超过20家县、区级信用合作社。此后,红色金融如"星星之火",在中央苏区、抗日根据地、解放区推广。至1948年,仅冀南银行在太行区创办的信用合作社数量就超过了880个。

信用合作社成立之初,明确"以便利工农群众经济的周转与帮助发展生产,实行低利借贷,抵制高利贷剥削的宗旨",是"为群众所组织的经济团体,以增进社员共同的经济幸福为目的"。

集资参股是创建初期募集资金的主要手段。为维持币值稳定,闽西信用合作社发行了股票,向百姓和商户募集银圆等作为发行纸币的股金,并承诺1元银圆和10毫纸币等价兑换,百姓踊跃购买。

为了支持信用合作社的发展,中华苏维埃共和国临时中央政府从300万元公债中,拨出20万元用于发展信用合作社,得到了苏区军民的热烈拥护。

信用合作社以农业贷款为主,既支持了群众生产的发展,保护红军家属利益,又有效地打破了高利贷剥削和国民党反动派的经济封锁。

1930年春,永定县太平区信用合作社曾对上洋乡苏维埃政府发放耕牛贷款,对许家乡苏维埃发放土纸贷款数百元,分批送到农民手中。

永定太平区信用合作社木刻印章

在1930年2月20日中共中央机关报《红旗》第78期刊登的《闽西工农兵政府下的群众生活》写道:"多数区政府开办了信用社,苏维埃下的群众,有正当需要(用在农业或工业上),可向政府借贷,至多只取一分的利息,打破了高利贷的剥削。"

1932年2月,临时中央政府人民委员会发布训令,要求"各地须创办信用合作社……无牛的农民可向信用合作社借资买耕牛共同使用"。

1932年4月,中华苏维埃共和国临时中央政府发布的《合作社暂行组织条例》,阐明了民主管理、人民至上的办社理念,并对红利分配作出明确规定,即"40%股息分配,40%社员与合作社之利益比例分配、公积金10%、办事人花红10%",同时,"合作社有

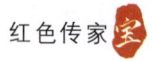

向工农银行借贷优先权""合作社有向苏维埃工厂及商店购货之优先权"。

★ 红色基因我传承 ★

　　1929年到1934年的土地革命战争时期,闽西苏区最早建立红色信用合作社,形成了最早的经营理念、业务制度和管理规章,并独立发行了股票、纸币,为打破敌人经济封锁、融通苏区经济、巩固人民政权、保障群众生产生活发挥了积极作用,也为后来闽西工农银行、苏维埃国家银行的建立奠定了基础,形成了共和国金融的"源头活水"。

# 珍贵的马列头像股票

★ 我有红色传家宝 ★

为了筹集资金,闽西工农银行曾专门发行了股票。这张股票是用油光纸石印制作的,通体红色。整张股票分为三个部分:上部是股票主图,中间是持有人姓名和地址,下部是利息票。股票上方正中是一个光芒四射的五角星。五角星右边是马克思的头像,左边是

闽西工农银行发行的马列头像股票

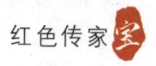

列宁的头像。两人的头像旁边各有一面中国共产党党旗。头像下方是一个扇形窗,窗内从左到右写着"闽西工农银行股票"8个大字。革命导师马克思、列宁的头像出现在中国的股票上,这可是开天辟地的第一回。这也正说明,马克思列宁主义已深入中国工农群众之中。

★ 红色故事分享会 ★

## 红色金融先驱毛泽民

1931年11月,中华苏维埃共和国临时中央政府在江西瑞金成立,决定由毛泽民筹建国家银行并担任行长。这是中国共产党最早建立的全国性银行。面对恶劣的自然和经济环境,毛泽民以共产党人的信仰、勇气和智慧,历尽磨难,不断创造金融奇迹。

银行创立伊始,缺钱、缺人,初始资金只有从闽西工农银行转来的20万元。白手起家办银行,一切都得靠摸索。有一次,前线部队送来一批从战场上缴获的现洋。银行的经手人员发现,现洋的包封纸竟然是国民党税务机关的四联单。毛泽民如获至宝,赶紧召集大家对四联单进行仔细分析研究,并根据研究结果,对苏维埃国家银行金库的管理制度和流程加以改进,使金库资金的收款方、管理方(国家金库)、使用方和支配方都有了相应的记录,保证了财务制度的科学

毛泽民

性、严谨性。后来。毛泽民还要求红军各级部门，一定要注意收集有关财政、银行、文件、账簿、单据、报表等实物，以备国家银行学习借鉴之用。通过不断学习和借鉴，毛泽民逐步建立并完善了国家银行的各种制度，中华苏维埃共和国国家银行终于走上了正常运转的轨道。

当时，中央苏区货币市场非常混乱，给国民党反动派破坏苏区金融市场提供了可乘之机，发行苏区统一的货币成了当务之急。但是，要印制统一的苏区纸币，没有原料，怎么办？毛泽民就亲自挑着箩筐，走村串户收破布、烂棉絮和烂麻袋，并发动职工上山砍毛竹、剥树皮，然后用铁锤、石碓捣成浆，在酸碱水中浸上七天七夜，终于造出了白细质韧的造币用纸。印刷纸币用的油墨和新机器，则是毛泽民想方设法，通过白区商人赴上海、香港买回来的。苏区纸币的设计人员黄亚光，也是毛泽民从福建请来的。

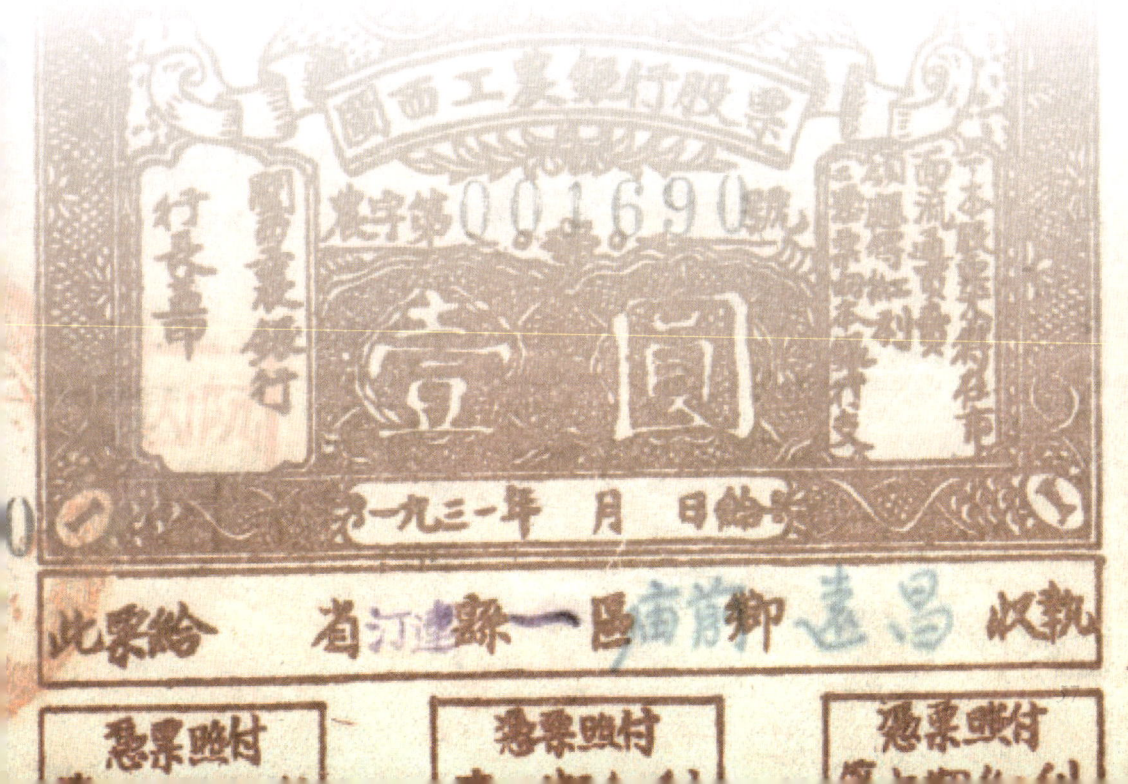

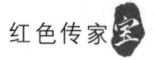

到了1934年,中央苏区第五次反"围剿"战争一再失利,财政经济状况愈加严峻,苏区发行的货币流通信誉受到极大的威胁。苏区内外的敌对势力趁机煽风点火,造谣生事,使事态更加恶化。眼看着国家银行的纸币不断贬值,毛泽民心急如焚,亲自赶往前线筹集物资,通知前线部队把缴获的日用品、食盐、布匹运回苏区合作社,还请苏区外贸总局紧急组织货源。回到瑞金后,毛泽民立刻指示贴出公告,让金库拿出银圆,按一比一的比价,公开兑换苏区纸币。告示贴出后,苏区群众抢兑纸币的风潮一浪高过一浪。但是,毛泽民冷静地告诉大家,换出现洋是为了提高纸币信誉,只有提高纸币信誉才能稳定金融。3天后,苏区外贸总局运来大批百货,苏区的消费合作社开始大量出售日用品、布匹和食盐。此时,国家银行又贴出告示,合作社只收取纸币,不收现洋,苏区群众又纷纷争兑纸币,购买急需用品。于是,中央苏区的金融得到了稳定,国家银行的纸币信誉也大大提高了。

在毛泽民的领导和努力下,金融工作的出色表现,为中央苏区的经济工作奠定了坚实的基础,巩固和壮大了苏维埃红色政权。

红军长征到达陕北后,毛泽民出任工农民主政府国民经济部部长,继续为革命操持财政工作。此时,新疆边界督办、军阀盛世才打出"亲苏拥共"旗号,请共产党派干部去新疆帮助整顿财经。毛泽民受党中央委派,奔赴新疆开展抗日民族统一战线工作。1942年9月,已投靠蒋介石的盛世才,捏造罪名,将毛泽民抓捕入狱并秘密杀害。毛泽民牺牲时,年仅47岁。

★ 红色基因我传承 ★

闽西工农银行旧址

1930年11月7日，闽西工农银行在龙岩正式诞生。闽西工农银行，是中国共产党领导的全国革命根据地成立时间最早、制度最完善、覆盖区域最广、开办时间最长的以闽西苏维埃政府为主导，由广大工农群众参与的第一家股份制银行，得到了广大工农群众和商家的拥护。闽西工农银行制定的《闽西工农银行章程》，成为中国共产党主导的红色金融史上首部"银行法"，开启了中国革命金融法制的进程。闽西工农银行的创立，开启了中国共产党领导下的苏维埃政府管理股份制银行的序幕。闽西工农银行是共和国金融的摇篮。

# 联合消费合作总社股票

★ 我有红色传家宝 ★

这是一张保存完好的精美苏区股票——联合消费合作总社股票。

股票的正面上方有一个拱形框,框内从左至右书"联合消费合作总社第二期股票"13个大字。中间主图为两位无产阶级革命导师的半身像,右边是马克思,左边是列宁,两位革命导师半身像中间为竖式书写的"伍角"二字。"伍角"字样下方有一个中国共产党党徽图案。党徽下方的文字为"一九三三年十一月发行"。股票的左下方有时任联合消费合作总社主任徐常山的签名和俄文印记。

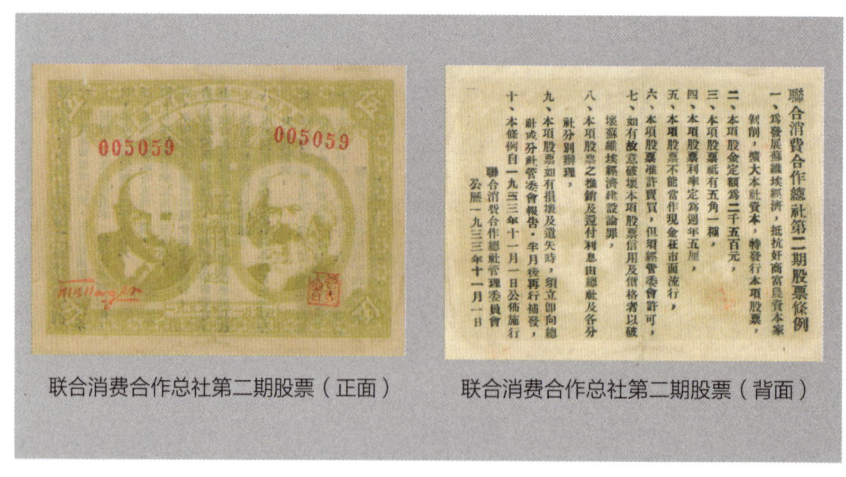

联合消费合作总社第二期股票(正面)　联合消费合作总社第二期股票(背面)

股票的右下方盖有一个内容为"管委会"的方形小印章。股票上方左右两边各有一组相同的红色6位阿拉伯数字编码。整张股票为四方形框图结构，四个角各有一个"伍"字。

股票的背面印有"联合消费合作总社第二期股票条例"，共10条，对本期股票的用途、数量、本息和归还等作了详细的规定。条例落款为"联合消费合作总社管理委员会"，时间为"公历一九三三年十一月一日"。

★ 红色故事分享会 ★

## 保证军需开用，支援革命战争

1928年10月，面对国民党反动派严密的经济封锁和残酷的军事"围剿"，赣西南苏区的吉安县东固区奋起抗争，依靠政府拨款和群众集资，率先成立了中央苏区首家消费合作社。

1929年9月，中共闽西特委发出《发动群众集股筹办消费合作社》的指示后，上杭县才溪区第十八乡于当年11月创办了消费合作社。第十八乡消费合作社，是闽西苏区第一个消费合作社。这个消费合作社都是群众自愿参加的，社员有80余户。他们是贫苦农民，经济条件差，入股时只能交5角大洋作股金，总股金只有40块大洋，不得已向才溪区苏维埃政府借部分公款充入股份。合作社工作人员由苏维埃政府指派5人成立管理委员会，对自愿入股并交付股金的群众发放《社员证》。合作社下设采办、保管、发卖、理财、筹股等部门。

筹到股金后，消费合作社千方百计从白区购进食盐、布匹等军需民用物资，农民可以用自己出产的大米、烟叶、土纸等富余农产品兑换食盐、布匹、药材。卖出货物时，价格由社员开会定价，一般比成本价略高一点点，比市场价便宜很多。

第十八乡消费合作社制度严密，工作人员清正廉洁，深得社员信任，合作社越办越好。到1931年12月结算时，除去开支，盈余300元，每一股（5角）分得红利5角，其他盈利作公积金。1933年7月结算时，盈利741元，社员大会决定不分红，留下作公积金，以扩充资本。至此时，第十八乡消费合作社社员发展到1041户，并扩股股金由5角增至1元，总股金达1041元。

在第十八乡的带动下，上杭县才溪区共办起14个消费合作社。消费合作的范围也越来越广，从原来的盐、布、油合作社发展到盐、油、肉合作社，布匹合作社，豆腐合作社，糖果合作社及猪仔合作社等。在加入消费合作社的农户中，上才溪占总户数60%，下才溪达90%。消费合作社便利了群众生活，维护了群众利益，得到了群众高度赞扬。

消费合作社的成功经验，很快在中央苏区各地推广开来。截至1933年8月，中央苏区境内已建起了417个消费合作社。1933年12月5日，中央苏区消费合作总社（又称联合消费合作总社）在江西瑞金正式成立，次年3月又成立了中国工农红军消费合作社，下设闽、赣两个省17个县总社，1140个分、支社，拥有29.5万名社员、32.2万元股金。

消费合作社以"保证军需开用，支援革命战争"为己任，积极发行各种债券和股票，广泛吸纳民间闲散资金，有力地推动了苏区的经济建设。1934年10月，中央苏区第五次反"围剿"失利后，

中央苏区消费合作总社旧址

中央苏区消费合作社史展览馆

中央红军主力被迫退出中央苏区，进行战略大转移。随后，国民党军队和地方反动势力卷土重来，一时之间中央苏区血雨腥风，各级消费合作社在"白色恐怖"的高压之下被迫相继关闭，停止运转，结束了它的光荣历史使命。

红色传家宝

★ 红色基因我传承 ★

联合消费合作总社总共发行了两期股票，由于当时革命群众无偿交回股票，支援革命，不退股金，加上股票纸质粗糙，不易保存，因此，此类股票传世很少，极为珍贵。现存不多的联合消费合作总社股票，对于研究我国早期合作商业经济史和股票发行史有着极高的价值。

苏区消费合作社的创办与红色股票的发行，证明中国共产党人绝非"土包子"，股份制也并非资本主义的专利。革命先辈们当年在合作组织建设和证券发行上的宝贵探索，为中华人民共和国合作事业和证券市场的发展打下了坚实的基础，提供了重要的历史依据，在中国乃至国际经济史上写下了光辉的一页。

# 胜利县总商店集股证

### ★ 我有红色传家宝 ★

这是一份胜利县总商店集股证。这种集股证非常特殊且别致，它是由前后两块布缝制而成的，呈椭圆形，上方还缝制了一个便于佩戴的小挂耳。这种集股证正面为红布，正中盖有一个黑色四方形印章，内容为"胜利县总商店集股证"；背面为白布，上方用毛笔写有入股人的姓名及集股金额，其下为集股证的编号，正中盖有一个"胜利县总商店"的红色四方形印章。

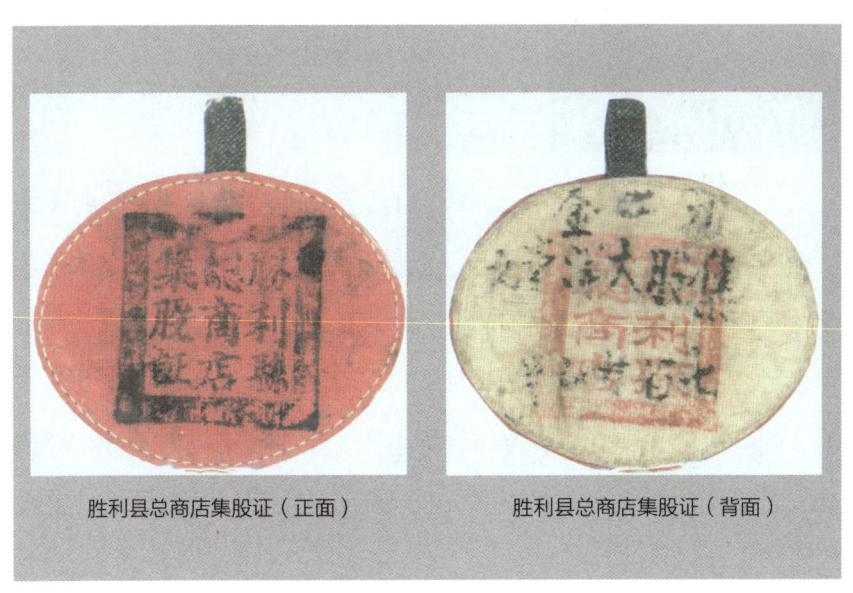

胜利县总商店集股证（正面） 　　胜利县总商店集股证（背面）

红色传家宝

★ 红色故事分享会 ★

## 中央苏区的"红色理财家"林伯渠

中央苏区时期,"苏区五老"之一的林伯渠,曾担任中华苏维埃共和国临时中央政府国民经济部部长和财政人民委员部部长。面对敌人残酷的经济封锁,林伯渠通过组织工农业生产,增发纸币,开展节省运动,健全财政制度等一系列措施,逐渐在中央苏区建立起了一套较为完整的金融经济体系,在极端困难的条件下基本保障了苏区军民的物资供给,被人们称为中央苏区的"红色理财家"。

林伯渠

1933年前后,中央苏区战火纷飞。国民党反动派的第四次"围剿"虽然被粉碎了,但他们仍对中央苏区展开严密的经济封锁,加上苏区消耗了极大的财力、物力,苏区财政经济工作十分困难。

面对敌人的层层封锁,既要解决苏区政府经费和红军的一切所需,又要让人民群众吃饱饭,工作任务十分艰巨。林伯渠通过没收征发、筹款筹粮、发展生产、推动商贸等多种方法增加财政收入,同时坚持革命第一的原则,提出开源节流、削减政府开支支援前方作战的主张,率领同志们发动和依靠群众,打破敌人的封锁,千方百计发展苏区经济,保障供给,支援红军。

当时红军已发展到 10 万人,吃饭是个大问题,为此,林伯渠要求每个乡都务必成立一个粮食合作社,以钱或谷物作为股金,互助合作。合作社收买的谷子,除供社员急需外,其余可运到白区出售,加强流转,扩大积蓄盈余。同时要求"建造谷仓",每个区的谷仓至少要存满 300 担谷子,并确保粮食不变质。粮食合作社的建立,对支援革命战争、改善人民生活发挥了重要作用。

在林伯渠的积极推动下,苏区开展了一场声势浩大的熬硝盐运动。当时,苏区所有区、乡都建起了熬硝盐厂,将旧墙土、老屋地皮及厕所边的肥土等挖来捣碎,用水过滤,澄出来的水用稻草生火熬干,便可得到少许硝盐,从而大大缓解了食盐紧缺。为推动熬硝盐运动深入开展,林伯渠经常到基层督促检查,并亲自参加劳动。

为稳定苏区金融秩序,林伯渠提出严格控制纸币发行,明令禁止国民党货币在市面上流通,规定到白区购物用的"白票",须持

林伯渠故居

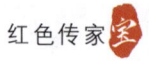

"苏票"或现金到国家银行换取,以扩大"苏票"流通。林伯渠还切实加强财政统一管理,改变以往滥支滥用的情况,减少苏区各级机关和政府的不合理支出和浪费。同时,倡导生产节约,鼓励发展农牧业,奖励垦荒,禁止宰杀幼畜与母畜;向农民购买和借用一部分余粮,用来榨油、生豆芽和做豆腐,解决机关和军队的吃菜问题。

林伯渠推出的一系列金融政策,带领苏区群众开展的一系列运动,有效缓解了中央苏区面临的经济和财政困难,支撑起了反"围剿"战争的庞大财政开支,为保证革命战争的财政需求作出了积极贡献。

★ 红色基因我传承 ★

中央苏区时期,中国共产党在革命斗争实践中深刻认识到,切实维护好群众利益是取得革命战争胜利的根本之所在。因此,中华苏维埃共和国临时中央政府始终坚持党和苏维埃政府的一切工作都要从群众利益出发,切实解决好工农群众关心的实际问题:政权建设要全力保障人民权利,经济建设要千方百计增加人民收入;社会建设要大幅提高人民生活水平;开展卫生防疫运动,以增强人民群众的身体素质;进行社会救济,以确保穷苦群众的基本生活需求;普及知识,以全面提升人民群众的综合素质。

# 中华苏维埃共和国国家银行货币

★ 我有红色传家宝 ★

这是一组由中华苏维埃共和国国家银行发行的流通货币，分为纸币、银币和铜币3种。

纸币：中华苏维埃共和国国家银行发行的纸币，是黄亚光设计的，有伍分券、壹角券、贰角券、伍角券和壹元券5种。

中华苏维埃共和国国家银行纸币伍分券　　中华苏维埃共和国国家银行纸币壹角券

中华苏维埃共和国国家银行纸币贰角券　　中华苏维埃共和国国家银行纸币伍角券

银币：银币只有一种，面值为贰角。

贰角银币（正面）　　贰角银币（背面）

铜币：铜币的面值有两种，分别为一分、五分。

一分铜币（正面）　　一分铜币（背面）

五分铜币（正面）　　五分铜币（背面）

### 红色故事分享会
## 红色纸币设计者黄亚光

黄亚光，生于1901年，福建长汀人。中华苏维埃共和国临时中央政府成立后，黄亚光受中华苏维埃共和国国家银行行长毛泽民的委托，着手设计绘制苏区货币（俗称"苏币"）图案。

毛泽民特意从上海买来绘图笔、圆规、油墨和铜版等，黄亚光凭着自己对用过的一些钞票的记忆，开始了"苏币"图案的设计工作。黄亚光设计的第一张纸币是伍分的纸币。设计贰角、壹元纸币时，黄亚光先把列宁头像绘制在纸上，再用毛笔工整地写上银行名称、币值、发行年份等。

黄亚光

中华苏维埃共和国临时中央政府要求，苏维埃政府发行的货币一定要体现工农政权的特征。因此，黄亚光在设计每张纸币时，都精心绘制了镰刀、锤子、地球、五角星等图案，把币面设计得既美观大方，又富于革命色彩。

此外，这套"苏币"还有双重防伪标志。

一天深夜，毛泽民身上穿的毛衣袖口被桌子上的油灯燎了一下，发出"吱吱"的响声，随后一股火烧羊毛的焦臭味便弥漫了整个屋子。良久，毛泽民忽然一拍桌子，欣喜地说："对呀，这就是很好的防伪办法嘛！"就是从火烧羊毛产生焦臭味中获得启发，国家银行的工作人员在生产印钞纸的纸浆中加入了细羊毛，用这样的

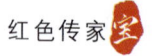

钞纸印刷的苏区纸币,用火一烧就会产生羊毛的焦臭味,如果没有羊毛的焦臭味就可以断定是假币。

不过,黄亚光觉得这还不够。经过苦苦思索,黄亚光又在纸币正面下方加了两个俄文签名,作为防伪暗记。5种面值纸币的签名中,伍分、壹角、贰角、壹元4种分别为邓子恢、毛泽民的签名,伍角券的则是林伯渠、毛泽民的签名。

在国家银行工作期间,黄亚光还设计了第一套苏区邮票以及革命战争公债券、经济建设公债券等。

1934年10月,中央红军主力开始长征,黄亚光被编入国家银行和财政部组成的十五大队。到达陕北后,国家银行改为国家银行西北分行,黄亚光又精心设计了6种面值的纸币和光华流通券。

从苏维埃国家银行开始,黄亚光为红色银行和经济部门呕心沥血设计了70种票币,每种票币都带着浓厚的时代特征,体现了革命性、艺术性和保密性。中华人民共和国成立后,黄亚光任中国人民银行总行副行长,指导了第一、第二套人民币的图案与防伪保密设计工作。

黄亚光的一生坎坷曲折,但他忍辱负重,与敌人斗智斗勇,体现了坚守信仰、忠诚担当、严守秘密、甘于奉献的红色基因和精神品格,为开拓人民金融事业作出了不可磨灭的贡献。

### ★ 红色基因我传承 ★

中华苏维埃共和国国家银行发行货币，结束了苏区货币流通混乱、各种杂钞劣币充斥市场的局面，控制了劣币驱逐良币、银圆甚少流通的势头，缓解了当时军阀混战和国统区通货膨胀导致的杂钞不断贬值的现象。中国共产党通过稳定币值，筹措充足的准备金，并加大宣传解释力度，诚信为本，取信于民，将货物按照对等比价公开兑换苏区纸币，完成了群众与银行新旧币兑换工作，以实际行动赢得了苏区社会各界的信任和支持。中央苏区的货币和财政就此逐渐统一，货币在苏区得以迅速推广使用。

# 中华苏维埃共和国国家银行存折

★ 我有红色传家宝 ★

这是一本中华苏维埃共和国国家银行存折。存折封面上方为"中华苏维埃共和国国家银行"字样,其下盖有"中华苏维埃共和国国家银行□□省□□支行"的椭圆形印章和行长小型红色方章。封面下半部的中间为存款人姓名;右边为"存折"信息:类别和编

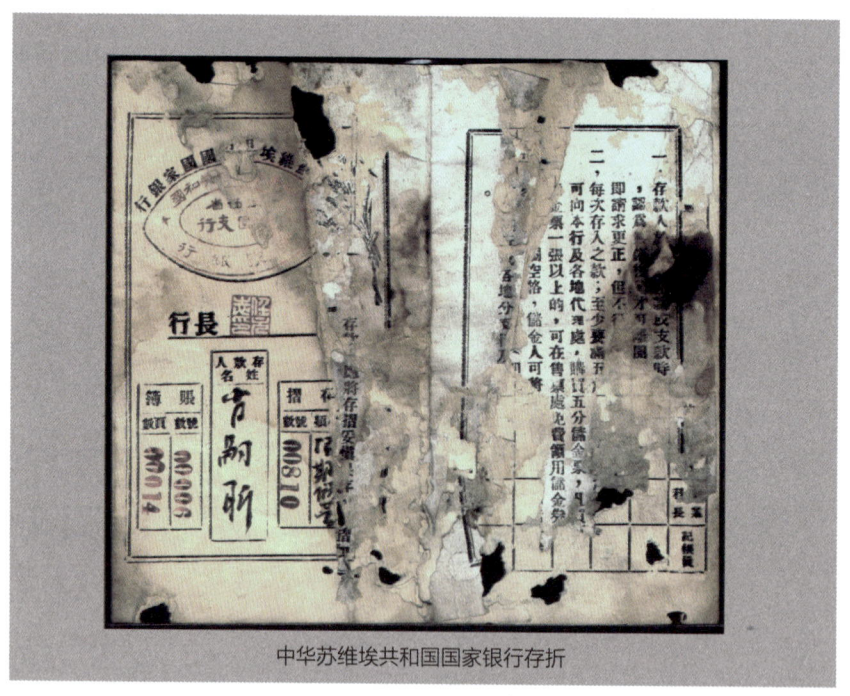

中华苏维埃共和国国家银行存折

号；左边为"账簿"信息："号数"编号和"页数"编号。存折内页载有存款和取款记录。封底印有存折的使用说明。

### 红色故事分享会
## 世界上最小的国家银行

1932年2月1日，中华苏维埃共和国国家银行在江西瑞金正式成立，毛泽民任行长。

成立之初，国家银行包括行长在内，仅有5名工作人员；启动资金仅有20万元；办公场所为二层民居中的两厅三房，约200平方米；金库设在一个约10平方米的柴房里。因此，中华苏维埃共和国国家银行被称为"世界上最小的国家银行"。然而，正是这样一个"袖珍银行"，自成立的那一刻起，就承担起了建立苏区财政金融制度、支援革命战争、巩固红色政权的重任。

中华苏维埃共和国成立之初，在苏区各地流通的货币五花八门，有各级苏维埃政府发行的纸币150多种、布钞10多种，有江西工农银行发行的铜圆券，有闽西工农银行发行的银圆券、光洋，还有国民党发行的纸币，甚至还有清政府发行的铜板。金融市场杂乱无章，严重阻碍了商品的正常流通和经济的健康发展，统一货币、统一财政刻不容缓。

1931年11月，在中华苏维埃第一次全国代表大会上，毛泽民受命筹建国家银行，筹划印刷发行国家货币，但临时中央政府既无法提供工作场所，也无法配备必要的设施，只给了他5个人员编制。毛泽民知难而进，经过精挑细选，确定了出纳、会计、记账和勤务等职员，随后又在瑞金叶坪村谢氏宗祠附近租了一幢简易民房，几张桌子、几把算盘一摆，国家银行正式开始运转。

与此同时，中央造币厂也在原江西省苏维埃政府造币厂的基础上扩建成立，人员、机器陆续到位。1932年4月下旬，红一军团和红五军团组成的东路军攻克福建漳州，筹得的100万元现款，成为国家银行的第一笔大额资金。红军占领漳州期间，国家银行从厦门采购了一批货币印刷材料，苏维埃货币发行工作得以顺利开展。

1932年6月和10月，国家银行分两期发行了共计180万元的"革命战争公债"，次年又发行了300万元"经济建设公债"，并从中拿出20万元设立储蓄基金，广泛吸纳社会闲散资金，用于支持工矿生产，促进对外贸易。公债的发行，扩充了根据地的财政收入，支援了反"围剿"战争，且增加了生产贷款额，支持了根据地的进出口贸易。

中华苏维埃共和国中央造币厂旧址

1932年7月7日，国家银行首批国币正式开印，在半年内印制了伍分、壹角、贰角、伍角和壹元5种纸币，共计65.61万元。此外，国家银行还把各级苏维埃政府保存和散落民间的金银铜器集中起来，铸造铜币、银币和银洋等硬通货，充实国库储备，方便对外交易。

国家银行发行的货币币值稳定，准备金充足，宣传解释工作得力，很快就赢得了社会各界的信任，人们纷纷交出旧币，兑换新币，中央苏区货币和财政渐趋统一与稳定。国家银行及其各分行所发行的纸币都属于兑现纸币，这些纸币可以与银圆、银角自由兑换。

1934年10月，中央红军第五次反"围剿"失利，开始长征。国家银行的工作人员被编入军委直属纵队十五大队，组成了一支由一个连护卫、几百人轮流担着100多副担子，背着黄金、白银、银圆，抬着印钞票的纸张、机器等的特殊的队伍。

漫漫征途上，国家银行一边筹款保证沿途开支，一边保护着包括金库金银现洋等在内的银行"家底"。在贵州遵义，国家银行仅在10多天内就完成了一次"红军票"的发行和回笼，堪称货币发行史上的奇迹。

1935年11月下旬，国家银行总行与陕甘晋苏维埃银行合并，改称"中华苏维埃共和国国家银行西北分行"。抗日民族统一战线形成后，1937年10月，国家银行西北分行改称陕甘宁边区银行，并发行了边区货币，"国家银行"名称正式结束。

中华苏维埃共和国国家银行的建立，为巩固红色政权、支援革命战争、发展苏区经济作出了重大贡献，对中国新民主主义和社会主义金融事业都具有深远意义。

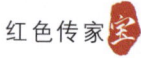

陕甘宁边区银行成立初期旧址

★ 红色基因我传承 ★

    金融是现代经济的血液。中国共产党自诞生之日起,就坚持牢牢把握金融事业发展和前进的方向,不断探索金融支持革命战争和创立新政权、服务社会主义现代化建设和改革开放的道路,指引我国金融事业实现了一次又一次跨越发展。中华人民共和国金融体系的历史渊源,可以追溯到大革命时期中国共产党领导的金融事业。这个体系从萌发到中华苏维埃共和国国家银行的创建、抗日根据地银行和解放区银行的建立,以及中国人民银行的建立,历经中国共产党领导的中国革命各个历史时期,始终伴随着中国革命的不断胜利而发展壮大。

# 珍贵的布币

★ 我有红色传家宝 ★

这是川陕省苏维埃政府工农银行于1933年发行的叁串文布币。

这枚叁串文布币为直式，布质，黑色油墨石印。布币正面四周围以细线，顶部写着"全世界无产阶级联合起来"11个大字，其下为"川陕省苏维埃政府"8个字和"工农银行"4个字；中部有一颗单线连成的大五角星，五角星中央为一拳头，五角星外面则是交叉的镰刀、锤头，刀尖、锤口向上，围绕着五角星；下部从右

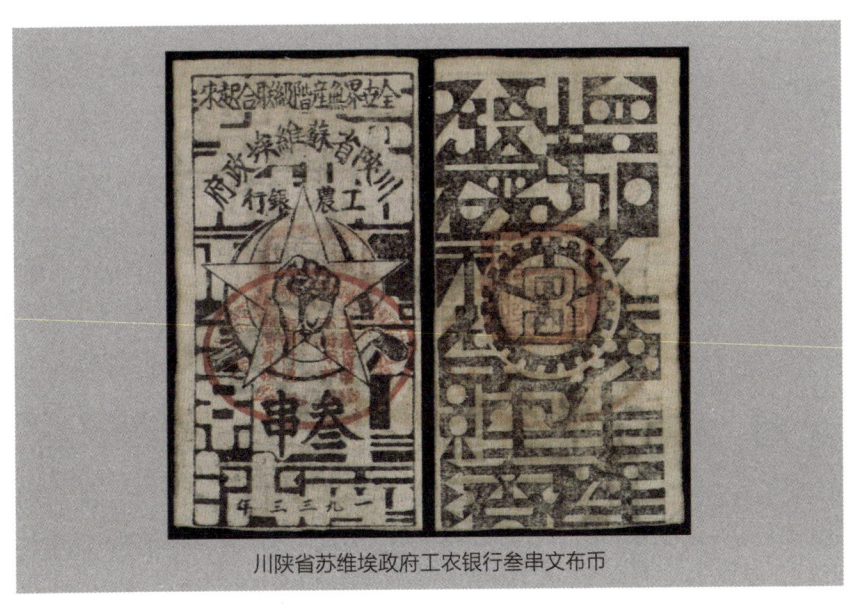

川陕省苏维埃政府工农银行叁串文布币

到左横书"叁串"两个字，其下书"一九三三年"5个字。整个票面的底纹，为两列阴文美术字"增加工农生产"和"发展社会经济"。布币背面为12个阳文美术字，右为"增加工农生产"，左为"发展社会经济"；中间印有一个大大的齿轮，齿轮中间是一空心阿拉伯数字"3"字样，齿轮上盖有"川陕省工农银行印"的正方形篆体红色印章。

★ 红色故事分享会 ★

## 张大妈穿了15年的"钱衣裳"

在四川省广元市苍溪县文物保护中心，收藏着一件"钱衣裳"，它是由红军布币制成的，原主人是张权氏。

布币，是钱币发展史上十分罕见的文物。这种结实耐用、造价低廉的钱币，是土地革命战争时期红四方面军在川陕苏区的独特创新。

四川省广元市苍溪县

珍贵的布币

1932年12月,红四方面军转战千里进入川北,1933年2月建立了川陕省苏维埃政府,随即宣告成立川陕省苏维埃工农银行,发行银圆、铜圆和布币。因苏区经济条件有限,无法满足大规模印刷纸币的需要,因而决定发行布币。布币的面额有壹元、贰串、叁串、伍串、拾串。工农银行规定:一元布币兑换银圆一元。

用布币做成的衣服

张权氏收藏的红军钱币衣服,缘于一段她与红军的交往故事。

1934年9月,红军在反"六路围攻"的黄猫垭战役后,乘胜解放了苍溪县,建立了县苏维埃政府。老百姓得知红军是人民自己的军队,便纷纷从深山老林里钻出来,敲锣打鼓欢迎红军。住在苍溪县苏维埃政府附近的贫苦农民张权氏,把红军战士当作"活菩萨",热情地迎进了自己家中。战士们帮张权氏种菜种地、收割庄稼、挑水扫地。张权氏看在眼里,喜在心上,逢人便说:"真没见过这么好的兵啊!"

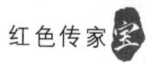

　　1935年3月底至4月，红四方面军一举突破了国民党军据守的嘉陵江防线，歼敌12个团1万多人，随即挥师西进，前往川西北迎接党中央、中央红军北上，就此踏上了长征路。由此，苍溪成为红四方面军的长征出发地，住在张权氏家里的战士们也随大部队一起离开了苍溪。张权氏把战士们送到五里坡外的权家寨下，才与战士们依依惜别。回到家中，张权氏才发现战士们在锅盖下悄悄留下了一摞崭新的布币，当作他们交给张权氏的伙食费。

　　红军撤走了，苍溪又沦为国民党统治区。国民党军得知张权氏家曾住过红军，便严令收缴红军物品。张权氏家三番五次被抄，不少家具都被打烂了，但她还是想方设法把红军留下的布币珍藏起来。起初，张权氏把布币藏在墙缝里，后来又将布币放在瓦罐里，埋入竹林中。可是，张权氏担心天长日久，布币会因潮湿而霉烂。最后，张权氏决定把这些红军布币连成衣服穿在身上。于是，她连续熬了7个夜晚，终于把这些布币连成了一件衣服，缝在自己的一件旧夹衣内。

　　张权氏深深地爱戴红军，此后的15个年头里，她一年四季都贴身穿着这件"钱衣裳"。她说，穿上这件"神衣"，就像红军战士还在自己身边，心里感到格外温暖。1949年12月，苍溪解放。1950年1月，苍溪县人民政府成立。张权氏看到当年的红军——解放军回来了，十分高兴。她捧出"钱衣裳"，请人民政府替她还给红军。张权氏捐献的"钱衣裳"，共有布币32张，票面价格虽然只合3个银圆，但它承载着一段厚重的红色历史，也记录着人民军队与人民群众之间的深厚情谊，弥足珍贵。

## ★ 红色基因我传承 ★

用布印制货币，这在中国货币史上是不多见的。1933年12月，川陕省苏维埃政府工农银行成立后，曾发行过布币。因为当时的川陕地区，纸张生产十分落后，而布匹生产则相对发达，所以才用布印制货币。这一做法一直沿用到全民族抗战时期的陕甘宁边区银行。用布印制货币，体现了中国共产党领导下的红色政权金融机构实事求是、因地制宜的工作方针和工作态度，反映了一个时代的货币特色与精神风貌，也是革命前辈留给后人的一笔宝贵的精神财富。

# 中华苏维埃共和国革命战争公债券

**★ 我有红色传家宝 ★**

中华苏维埃共和国革命战争公债券，发行于1932年，共发行了两期，是中华苏维埃共和国临时中央政府为筹集革命战争经费，在中央苏区发行的一种短期公债。革命战争公债共有"伍元""壹元""伍角"3种面值，归还期均为半年，年利率均为1分，总金额180万元。革命战争公债券正面均印有"中华苏维埃共和国临时中央政府财政人民委员部"和财政人民委员邓子恢的印章，第二期还在公债券正面加印了"一九三三年六月一日还本付息""在六月一日以前不准抵缴租税"的说明。

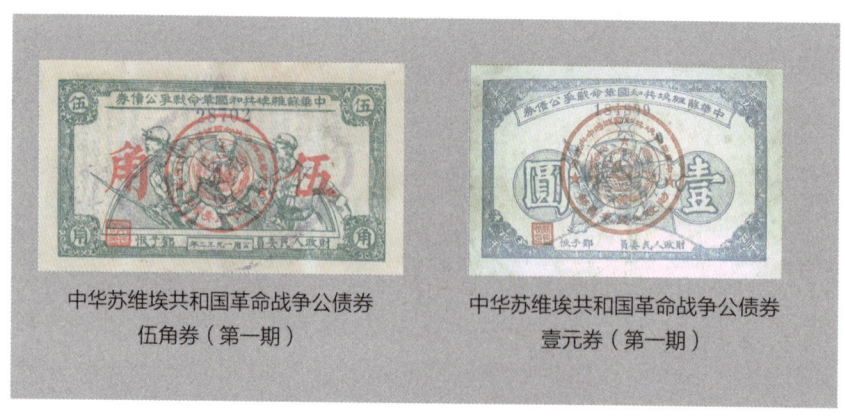

中华苏维埃共和国革命战争公债券 伍角券（第一期）

中华苏维埃共和国革命战争公债券 壹元券（第一期）

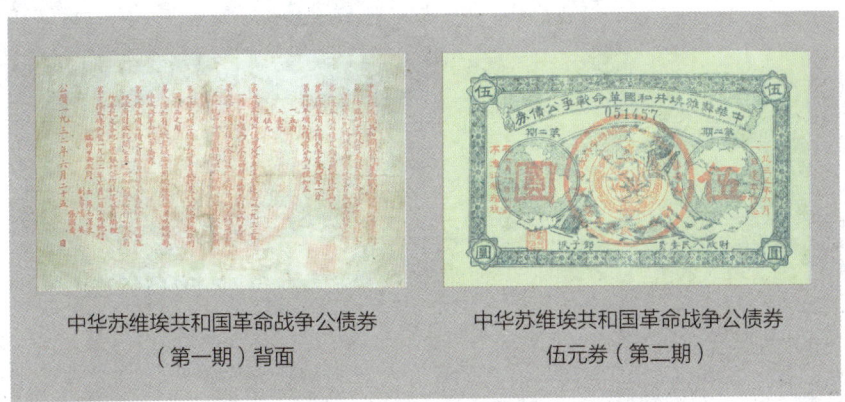

中华苏维埃共和国革命战争公债券
（第一期）背面

中华苏维埃共和国革命战争公债券
伍元券（第二期）

★ 红色故事分享会 ★

## 硝烟中的革命战争公债

中华苏维埃共和国临时中央政府成立后，中央苏区仍处于战争状态，要一边反击国民党军队的"围剿"，一边进行各项事业建设，因此需要强大的中央财政作后盾。

此时，中央苏区尚未开始征收土地税，红军又需要给养，为此，中央人民委员会会议决定，发行短期革命战争公债60万元，以充实战争所需经费。临时中央政府发布布告，阐述了发行革命战争公债的意义及目的，明确了公债发行范围与期限：发行短期革命战争公债券，除配给湘赣、湘鄂赣发行10万元外，其余50万元在中央苏区内分5期发行，每期10万元。苏维埃政府发行的公债，完全是为争取革命胜利与谋求工农自身解放。苏区军民购买公债不但有利息，而且能按期偿还，并能买卖抵押、缴纳租税，与其他财产有同等价值与信用。1932年6月26日，临时中央政府颁布《执字第13号训令》，就革命战争公债的发行数目、发行和缴款日期，

中华苏维埃共和国临时中央政府旧址

以及发行方法作出明确规定，要求各级政府做好宣传工作，发动人民群众积极认购公债。

国家银行迅速组织人员，下基层宣传发行债券事宜。时值炎

夏,火辣辣的太阳毫不留情地炙烤着苏区大地,苏区农民正忙于"双抢"。各级苏区政府机关干部都深入农村,帮助人民群众割禾插秧。就在这天,公债券的设计者黄亚光穿着草鞋,戴着斗笠,挂着一个布包,里面装着三张不同面值的公债券以及布告条例,走在通往县城的砂石路上。他顶着烈日往县城赶,到了县城来不及喝一口水,就当街向群众宣传公债券的用途和购买兑付办法。教师出身的黄亚光,演讲的话语极富感染力,听众越来越多,很多小商贩也挤上前来。现场听众听了他的演讲后,纷纷自愿掏钱购买公债,有的人还当场要求参加红军。

1932年10月,临时中央政府下达战争紧急动员令,同时决定发行第二期革命战争短期公债120万元。经多方努力,第二期公债如期发行并销售完毕。1933年4月23日,《红星报》报道称:"一、二期革命战争公债券得到了工农群众与红军战士热烈的拥护与踊跃的购买推销,数量都大大超过预定的数目。"公债到期后,中央苏区广大军民响应政府号召,踊跃退还公债,或将到期公债换成经济建设公债,支援革命战争与经济建设。

1933年3月底,中央苏区第四次反"围剿"战争胜利结束,不仅巩固了中央苏区,而且开辟了闽赣苏区,这一伟大胜利为中央苏区开展大规模经济建设创造了有利条件。为筹措建设资金,中央作

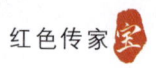

出了关于发行经济建设公债的决议,要求苏维埃动员一切力量进行经济建设,并发行了经济建设公债 300 万元。

★红色基因我传承★

中华苏维埃共和国革命战争公债的发行,大大地缓解了苏维埃临时中央政府的财政压力,对解决红军供给,支援革命战争,应对国民党反动派的经济封锁和军事进攻起到了极为重要的作用。中华苏维埃共和国两期革命战争公债的顺利发行,体现了苏区群众对红色政权的支持和信任,这对保障革命战争供给、巩固扩大革命根据地发挥了很大的作用,也为中国共产党运用债券等金融工具支持革命战争和经济建设,积累了宝贵的经验。

# 中华苏维埃共和国
# 经济建设公债券

★ 我有红色传家宝 ★

这是一组中华苏维埃共和国经济建设公债券。1933年春，中央苏区军民粉碎国民党反动派第四次"围剿"后，为进一步供给工农红军所需的作战经费，同时适应根据地的发展需要，在当年8月召开的江西南部17县经济建设会议上，决定自1933年10月起，由中央财政人民委员部发行经济建设公债300万元。经济建设公债券由黄亚光设计，面额有伍角、壹元、贰元、叁元、伍元5种，利

中华苏维埃共和国经济建设公债伍角券　　中华苏维埃共和国经济建设公债壹元券

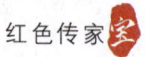

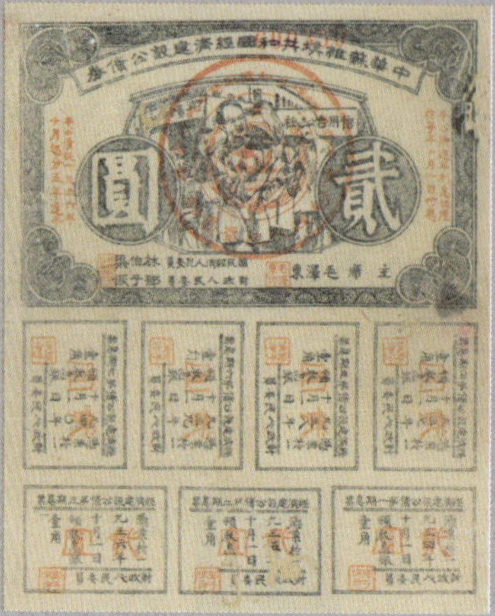

中华苏维埃共和国经济建设公债贰元券 　　中华苏维埃共和国经济建设公债叁元券

中华苏维埃共和国经济建设公债伍元券

息为周年5厘，于每年10月1日付息，规定从1936年10月起分5年还本。经济建设公债票均为单面印刷，分为上、下两个部分，上部为公债票，下部为分年度利息票。券面上盖有主席毛泽东、国民经济人民委员林伯渠、财政人民委员邓子恢的署名印章。

★ 红色故事分享会 ★

## 变卖"宝贝"支援革命

1931年7月,江西省苏维埃政府部分机构进驻万安县涧田乡晓东村。为筹备粮饷,苏维埃政府在苏区发行公债券。消息传到晓东村赖三秀的耳里,她很是苦恼,眼看着周围的群众都积极购买公债券,自家却一贫如洗,这可怎么办?思来想去,她终于决定变卖埋在自家后院大树下的"宝贝"。

赖三秀是地主小姐出身,却爱上了自家的长工。双亲死活不同意她嫁给长工,父亲还放出狠话:三秀要执意嫁给长工,那他们就断绝父女关系,老死不相往来。赖三秀坚持爱情和婚姻自由,选择离家出走。临行前,母亲含泪从怀中拿出一小袋东西,放在三秀手

江西省万安县涧田乡晓东畲族村革命旧址

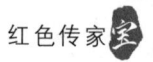

上，说："女儿，这是娘出嫁时你外婆给我的，如今你执意要离开这个家，这些银器首饰你拿着，以备不时之需。"赖三秀接过沉甸甸的银器首饰，哭着跑出了家门。

自从离开家后，赖三秀的日子过得很苦。家里最困难的时候，丈夫曾提议把那些银器首饰变卖，换些钱度日，赖三秀一听就火了，痛骂了丈夫一顿。前些年，听说当地闹土匪，赖三秀很担心，便趁着夜色把那些珍贵的银器首饰埋在了自家后院的大樟树下。

赖三秀来到大樟树下，颤抖地捧着银器首饰，自言自语："娘，这是您留给女儿的唯一念想，如今，我要拿去变卖，支援革命，请您原谅女儿。"

赖三秀变卖了首饰，然后兴冲冲地拿着银圆全部买了公债券。回家路上，她碰到一个同村的人。那人见赖三秀一副兴奋的表情，问道："三秀，拾到宝了？瞧把你高兴的。""哪是捡到了什么宝啊？我把我的银器首饰换成银圆，都买了公债券。"那人大吃一惊，说："哟，你可真舍得！""现在大家都买了公债券，我可不能落后！"

在赖三秀的影响下，当地群众积极认购公债券，超额完成任务，为支援革命作出了贡献。

其实，在中央苏区，像赖三秀这样节衣缩食支持革命战争的群众，还有很多很多。

在中央苏区借谷运动中，长汀县策田区下江乡的妇女指导员除了借出自家一年全部收成 30 多担谷子之外，还将家里的猪卖掉，买谷借给红军，总共借出谷子 60 担。在她的影响下，全乡群众争先恐后地借谷筹粮。1934 年 4 月，《红色中华》报曾以《卖猪买米借给红军》为题,表扬了她的先进事迹。此外,闽西客家妇女还编制了很多草鞋,赶制了大量军衣、军帽、绑腿、夹被、斗笠、干粮袋等送给红军,支援革命。

★ 红色基因我传承 ★

苏区公债券是苏维埃中央政府以信用形式向人民举债筹资的一种方式,也是当时的财政来源之一。在中央苏区历次发行公债工作中,广大工农群众、红军指战员、政府和群众团体工作人员无不热烈响应,积极拥护。他们虽不富裕,却节衣缩食甚至忍饥挨饿,倾其所有购买公债,为苏维埃政权的建设作出自己的贡献。苏区公债的顺利发行,真实地体现了苏区人民对中国革命的无私奉献精神和坚定信念。中央苏区第五次反"围剿"战争失利后,中共中央和中央红军主力被迫退出中央苏区,开始长征,中央政府发行的300万元经济建设公债无法如期兑付。中华人民共和国成立后,党中央发出通告,对过去苏区发行的纸币、债券、股票一律予以兑付。

# 红军临时借谷证

★ 我有红色传家宝 ★

这张红军临时借谷证为竖式印刷,由中华苏维埃共和国临时中央政府财政人民委员部发行,落款为主席毛泽东、财政人民委员部部长林伯渠,并加盖名章。借谷证正面上方由右向左弧形书写"中华苏维埃共和国",下方从右至左横书"红军临时借谷证",借谷数额为"干谷伍拾斤"。此证为白底黑字红印章,中间为使用此证的规定和说明,共3条:"一、此借谷证,专发给红军流动部队,作为

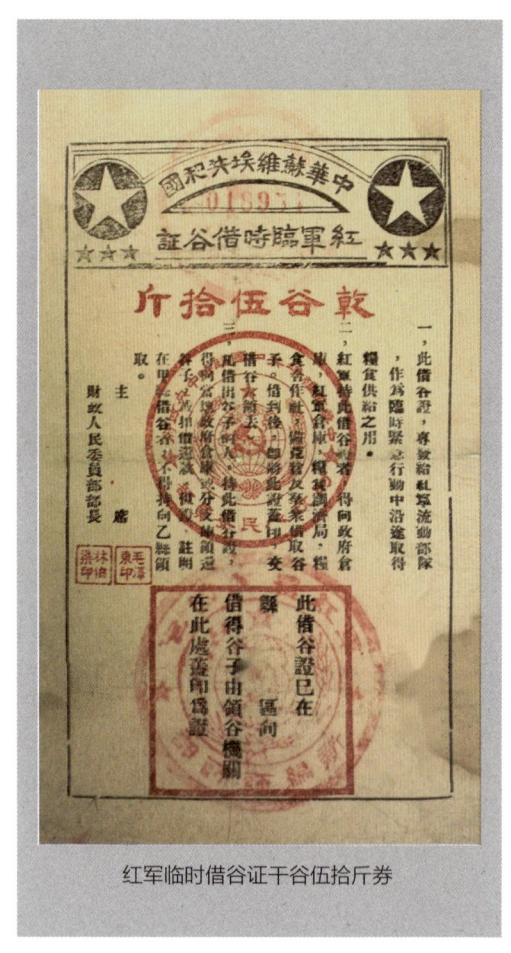

红军临时借谷证干谷伍拾斤券

94

临时紧急行动中沿途取得粮食供给之用。二、红军持此借谷证者，得向政府仓库、红军仓库、粮食调剂局、粮食合作社、备荒仓及群众借取谷子。借到后，即将此证盖印，交借谷人领去。三、凡借出谷子的人，持此借谷证，得向当地政府仓库或分支库领还谷子，或扣价还款，但证，注明在甲县借谷者，不得持向乙县领取。"3条说明文字的正下方，有一红色方框，框内从右到左竖书"此借谷证已在□□县□□区向□□借得谷子由领谷机关在此处盖印为证"字样。

## 红色故事分享会

### 一诺千金的红军借谷证

1931年11月，中华苏维埃共和国临时中央政府在江西瑞金成立。此后，中国工农红军不断发展壮大，全盛时期，仅中央苏区的主力红军就多达约10万人。这时，粮食供给成了苏区政府需要解决的一大难题。1932年，中央苏区部分地方发生了粮荒，不法奸商趁机囤积粮食、哄抬物价。同时，国民党反动派加紧对中央苏区实行军事"围剿"和经济封锁，导致红军的粮食供应更为紧张。

1933年春，为了解决粮食问题，苏区政府一方面向群众借用谷物，并以借谷证为凭证，承诺一定会如数奉还；另一方面，为了鼓励农民生产并建立粮食储备体系，苏区政府规定，新谷上市后，将以高出市场价三分之一的价格收购谷物，等到青黄不接之际，再将其按市场价格的95%卖给农民。

就这样，以红色政权信誉做担保的借谷证诞生了。

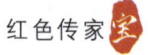

中华苏维埃共和国财政人民委员部历史陈列馆

1934年2月，中华苏维埃共和国粮食人民委员部成立，这是我党第一个主管粮食工作的机构，被誉为革命战争的"粮草官"。考虑到信用问题，借谷证上明确载有借谷数额、落款信息、借与还的规则等信息。此外，虽然粮食人民委员部的首任部长是陈潭秋，但是当时的每一张借谷证上的落款都是：主席毛泽东印，财政人民委员部部长林伯渠印，并盖有代表苏区政府的红色圆形印章。这让苏区群众十分信服，群众借粮没了后顾之忧，借谷证也就得以顺利发行，规范运转，精准结算。

在那段艰难的岁月里，中央苏区曾先后三次向群众借谷，共100多万担，不仅缓解了军粮紧缺的局面，还为红军实行战略转移提供了坚实的保障。

中央红军主力长征后，还未来得及偿还的借谷证留在了苏区群众手中。中华人民共和国成立后，政府履行红军当年的承诺，并作出规定：凡持有借谷证的群众，可以按实时市价兑换粮食或现金。此后几十年间，群众手中的借谷证陆续得到了偿还，有的人得到的偿还数甚至为借谷数额的 10 倍以上。

临时借谷证上那大大的"注销"二字，代表红军已足额偿还所借谷物，彰显了中国共产党言出必行、有诺必践的为民情怀，也见证着苏区人民与红军始终鱼水同心、同甘共苦的革命真情。

★红色基因我传承★

中华苏维埃共和国发行的临时借谷证，是苏区人民为支援革命战争、巩固红色政权作出重大贡献的证明。在困难时期，红军向群众筹借粮食，本着"三大纪律和八项注意"中"借东西要还"的铁的纪律，临时借谷证也清楚地注明了借谷后的偿还方式，它是中国共产党和党领导的人民军队从革命战争年代开始，始终牢记密切党群、军民关系的见证。

# 湘赣省收买谷子期票

★ 我有红色传家宝 ★

这是一张中华苏维埃共和国湘赣省收买谷子期票。

这张期票为毛边纸石印版，竖式框图结构，红黑两色套印，单面。期票四边为花边图框，核心部分为一梯形，梯形由两条小花边分隔成三部分：上部冠名"中华苏维埃共和国湘赣省收买谷子"15个字；中部有两个菱形花饰，花饰中间各留白一个圆圈，圈内分别写着"期"字和"票"字；下部面积较大，约占全票的三分之二，写有期票编号、期票发行说明及落款、发行时

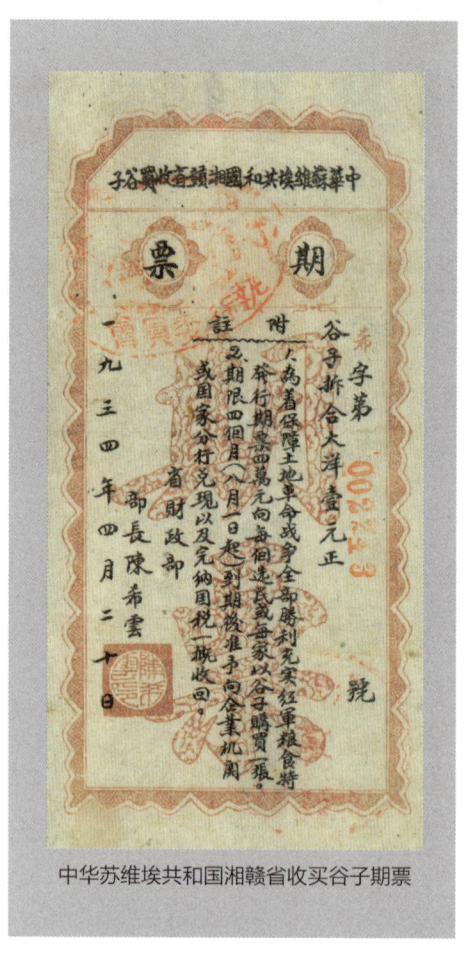

中华苏维埃共和国湘赣省收买谷子期票

间,另外还有以梅花图案组成的"期票"二字作为底纹。

这张期票编号为002243。期票发行说明写道:"1. 为着保障土地革命战争全部胜利,充实红军粮食,特发行期票四万元,向每个选民或每家以谷子购买一张。2. 期限四个月(八月一日起),到期后准予向企业机关或国家分行兑现,以及完纳国税一概收回。"期票发行说明落款为"省财政部部长陈希云",时间为"一九三四年四月二十日",并盖有"湘赣省苏维埃执行委员会财政部"的椭圆形印章及"陈希云印"的内圆外方私章。

## 腰缠十三根金条的"乞丐"

1926年,靠撑船养家的刘启耀已27岁。这年,他秘密加入了兴国县革命队伍,随后又光荣地加入中国共产党。

几年后,表现优秀的刘启耀得到了大家的肯定,被选为江西省苏维埃政府主席。当时,苏区正处于十分困难的特殊时期,为了节省开支,刘启耀以身作则,从自己家里带米去办公。妻子十分不解,抱怨道:"当上了省苏主席,别人还以为多风光呢!结果呢,连饭都吃不上。"刘启耀开导妻子,干革命不是为了赚钱,而是克己奉公,为人民服务。在刘启耀的影响下,妻子明白了共产党员要走在人民前头的道理。见刘启耀天天忙得连轴转,妻子便主动把米送到刘启耀的办公室。

1934年10月,中央红军主力长征后,刘启耀留守苏区,坚持游击斗争。1935年的一次战斗中,刘启耀因身受重伤,倒在了战

刘启耀塑像

刘启耀纪念馆

场上。敌人从另一名牺牲的战士身上搜出了刘启耀的证件,便误以为刘启耀牺牲了。直到半夜,刘启耀才从昏迷中醒来。看着身边牺牲了那么多战友,刘启耀化悲痛为力量,强忍着全身的疼痛,来到了一个山洞里。

原来,这个山洞是刘启耀与战友们的藏身之所。山洞里藏着一个包裹，里面装有 13 根金条和一些银圆等。这是组织留给刘启耀的革命经费，一直由他保管着。

敌人在报纸上散布"刘启耀被打死"的消息。刘启耀这才明白，那名战友见刘启耀受了重伤，便把他推到了死人堆里，然后自己拿着刘启耀的证件，以此蒙骗敌人，"替"刘启耀牺牲。

伤势稍微好一点儿之后，刘启耀便开始追赶队伍，可是他无法联系到组织。后来，一个好心的村民给他想了个好办法：假扮乞丐。于是，刘启耀往湖南方向追赶红军。一路上，到处都是敌人的岗哨，为了掩人耳目，刘启耀四处流浪。就这样，他从假扮乞丐，变成了真正的乞丐。

刘启耀背着金条，却吃尽了苦头。饿了，就去要饭吃；渴了，就喝河里的水；困了，就找个破庙躺一躺。有时一连好几天讨不到饭，他饿晕在路旁，身体饱受摧残，却从未动过包裹里的一分钱。

刘启耀走遍了赣西的各个角落，秘密联系党员、苏区干部，随后和大家转入地下，开展地下斗争。经过两年多的努力，刘启耀与其他领导干部一起，终于重新建立了江西省临时省委，刘启耀任主席。

组织成立了，用钱的地方就多了。就在大家一筹莫展时，刘启耀拿出了那个破旧的包裹。在大家好奇的目光下，刘启耀解开包裹，呈现在大家眼前的是 13 根金条和一些银圆等。这着实惊呆了众人。谁也没有想到，身体羸弱的刘启耀竟然带着这么多金条乞讨。

有了这笔经费，组织买下了一栋楼，并以"赣宁旅泰同乡会"的名义，建立了省委秘密机关，部分剩余经费则用于保释狱中的大

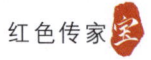

批战友。

作为一名信仰坚定的革命干部,刘启耀即使在自己的生命受到威胁之时,也绝不动用公款。他把这笔经费看得比自己的生命还更重要,把对革命必胜的信念背在身上,藏在心间,这种精神永远值得我们学习。

★ 红色基因我传承 ★

湘赣省苏维埃政府收买谷子期票,开创了政府机关发行期票的先河。湘赣省苏维埃政府收买谷子期票的设计元素,即冠名、编号、落款、发行说明等,成了期票设计的典范。此后发行的期票都以此为蓝本,因此湘赣省苏维埃政府收买谷子期票具有划时代的重要意义。

# 中央苏区米票

★ 我有红色传家宝 ★

这是中华苏维埃共和国中央政府粮食人民委员部发行的米票。长方形米票和正方形米票，票面内容是一样的。从上到下，分别为：6位数的阿拉伯数字编码，实行一票一号；米票发行单位的名称：中华苏维埃共和国中央政府粮食人民委员部；用汉字书写的米

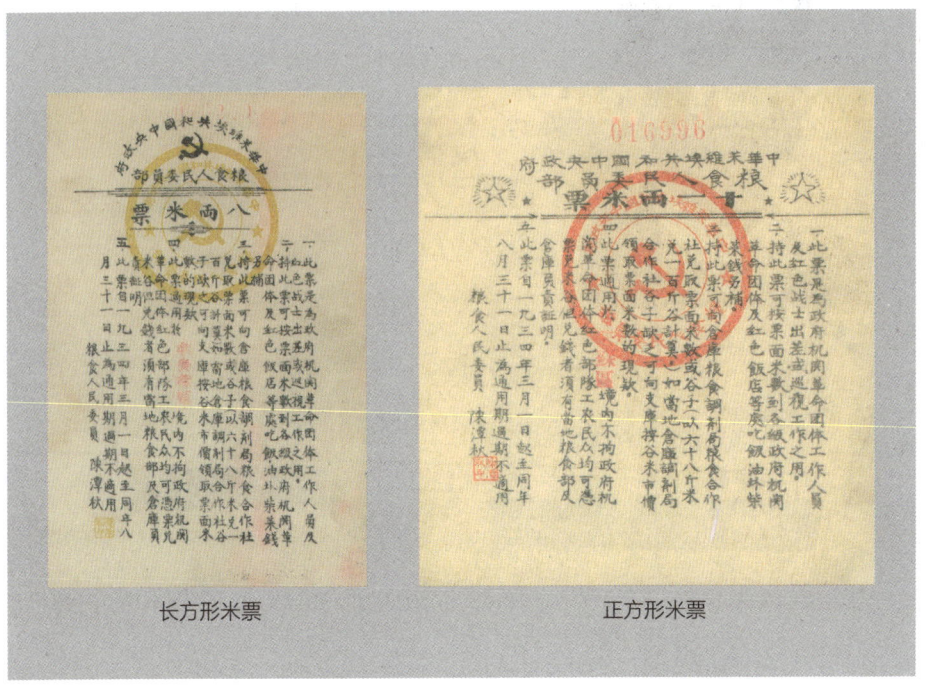

长方形米票　　　　　　　　　正方形米票

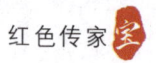

票面额；关于米票发行与使用的 5 条说明文字。说明文字的最后是落款，即"粮食人民委员陈潭秋"，并盖有陈潭秋私人小方章。此外，米票还加盖有"中华苏维埃共和国中央政府粮食人民委员部"的圆形公章。

## 人民的好粮食部长——陈潭秋

一张小小的借谷证，记录着中央红军反"围剿"斗争的艰难岁月，记载着苏区军民团结一心共克时艰的温暖故事，更是中央苏区第一任粮食部部长陈潭秋为革命事业奋斗一生的生动写照。

陈潭秋

1934 年 2 月，由于国民党反动派的多次"围剿"，中央苏区的粮食供应遇到了很大的困难。为了解决粮食供给问题，中华苏维埃共和国中央政府任命陈潭秋为粮食人民委员部部长。临危受命的陈潭秋肩负着征粮、购粮、调粮、运粮、节粮、保粮的重任。这是一项十分艰巨的任务，陈潭秋决心以最快的速度和最低的成本完成这一任务，并极富魄力地推行了一系列措施。

陈潭秋积极印发借谷证，向群众广泛征粮储存。苏区人民被陈潭秋的热情与真诚所感动，不到半年时间，征粮 24 万担和借谷 60 万担的任务便顺利完成。

完成征粮和借谷工作后，陈潭秋又号召军民开展节粮运动，要求群众多种杂粮蔬菜，以解决粮食不足的问题。陈潭秋曾在《红色中华报》上发表《把节省运动开展到群众中去》的社论，要求每人"节省三升米捐助红军"。陈潭秋自己带头节粮，中央粮食部的工作人员积极响应，掀起了节粮热潮。除节省口粮外，政府部门工作人员有的在住地周围开辟菜园、粮田，有的增养了鸡、鹅、猪等牲畜，不少同志还自带伙食，不领菜金。

陈潭秋十分重视粮食运输和保管工作，从成立领导机构到配备技术人员，从严格督收到清理账目，他都及时作出指示，亲自到一线检查工作。由于陈潭秋卓有成效的工作，中央苏区的粮食工作取得了巨大成绩，有力支援了反"围剿"斗争。

1934年10月，中央红军主力准备长征，中央指示陈潭秋为即将开拔的部队准备5到7天的粮食。当时，苏区缺乏大粮仓，运输条件又差，要在短短的几天内筹集几十万斤稻谷并碾成米，谈何

中华苏维埃共和国中央政府粮食人民委员部旧址

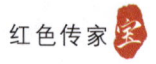

容易?

面对困难,陈潭秋从容不迫,统一筹措,日夜不休地工作。他积极发动群众,号召大家上下齐动手、军民齐努力、老幼皆上阵,最终顺利完成了红军长征前的粮食筹备任务。

在陈潭秋的统筹安排和部署下,征粮工作既满足了部队的需求,又保障了群众的利益。党和群众一致称赞陈潭秋为"人民的好粮食部长"。

中央红军主力长征后,陈潭秋坚持留在中央苏区指挥游击战争,并任中共苏区中央分局委员兼组织部部长。1939年,陈潭秋从苏联回国,并到新疆工作。1942年夏,新疆局势恶化,大部分党员开始分批撤离,陈潭秋将自己列在最后,他表示:"只要还有一个同志,我就不能走。"1943年9月,陈潭秋不幸被捕,后被敌人秘密杀害于狱中,年仅47岁。

★ 红色基因我传承 ★

土地革命战争时期,苏区发行米票的主要目的,是解决政府机关、革命团体工作人员和红军官兵外出巡视或出差时的粮食供给的标准问题。出差人员不仅可以持票就餐,还可以持票兑米或谷,群众也可持票兑米谷。从此,各县、区、乡政府及战时经济委员会等供给红军粮食,均以取得米票为凭。此外,苏区米票在设计上破天荒地使用了冠名、数量、说明、盖章、编号5个基本元素,是中国粮票的开山之作。

# 闽浙赣省苏政府粉碎敌人五次围攻决战公债券

★ 我有红色传家宝 ★

这是一张闽浙赣省苏政府粉碎敌人五次围攻决战公债券。该公债券于1934年7月1日发行，票面金额为壹元，拟发行10万元，定期1年，年利率为1%。筹集到的资金80%作为决战经费，10%用于开展苏区经济建设，10%用于救济革命群众。该公债券的正面，上部以拱形印有"闽浙赣省苏政府粉碎敌人五次围攻决战公债券"字样；中间印有手持红旗和铁锤的工农人民图案，图案两侧是粗形艺术字"壹圆"。工农人民图案的正中盖有红色圆形印章，字样为"中华苏维埃共和国闽浙赣省苏财政部"。公债券的下部有署名"省苏财政部长张其德"，并在其左侧盖有红色正方形的张其德个人印章。公债券的四周边框印有花纹，4个角各有一个"壹"字。此外，公债券背面还印有《发行决战公债条例》，共8条，详细载明了公债券的筹集资金总额、利率、资金用途、本息偿还时间、担保、负责机关等。

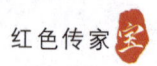

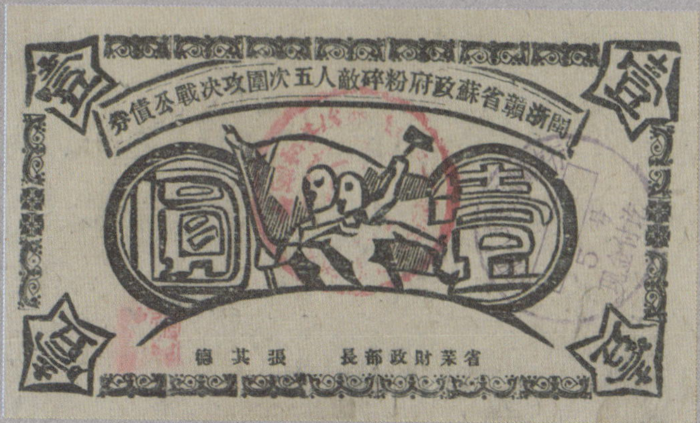

闽浙赣省苏政府粉碎敌人五次围攻决战公债券（正面）

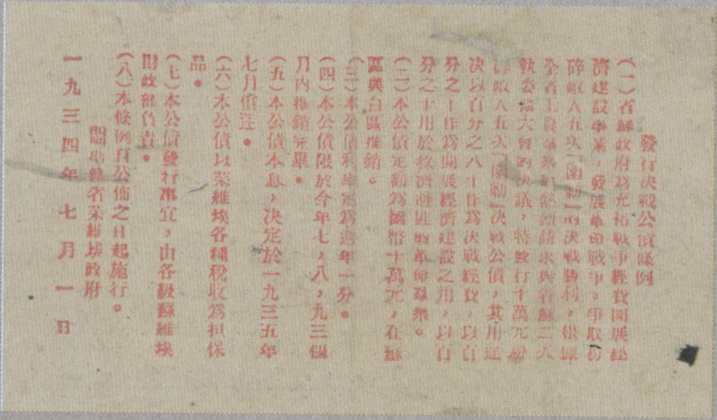

闽浙赣省苏政府粉碎敌人五次围攻决战公债券（背面）

★ 红色故事分享会 ★

## 闽浙赣革命根据地创建人方志敏

　　方志敏等人领导创建的闽浙赣革命根据地，是土地革命战争时期全国最早创建的六大革命根据地之一，被毛泽东誉为"方志敏式""有很好创造""是坚强的苏维埃阵地"。

　　从1927年开始，中国共产党组织领导了弋横、崇安（今武夷

方志敏纪念馆

山市）农民暴动，建立了赣东北和闽北革命根据地。1930年7月，赣东北根据地与闽北根据地合并，组建赣东北特委，方志敏任红十军政委。1931年4月，红十军首次入闽，奠定了闽北苏维埃的发展基础。1932年，方志敏任改名后的闽浙赣省委书记。他再次率部进军闽北，取得了攻打崇安、浦城的胜利，闽北苏区扩大到浦城、建阳、建瓯、松溪、政和、光泽一带。到1932年底，闽浙赣根据地扩大到上饶、崇安、开化等20多个县，拥有约100万人口。

在方志敏等人的领导下，闽浙赣革命根据地广大军民在对敌斗争、根据地建设和苏区党的建设等方面，都有许多创造性举措。

在对敌斗争方面，闽浙赣革命苏区实行工农武装割据，大力发展人民战争，开展农村包围城市、武装夺取政权，胜利粉碎了国民党反动派的多次"围剿"。在游击战方面，他们提出了53字战术，即"出敌不意，攻敌不备，声东击西，避实就虚，集中兵力，争取主动，打不打操之于我。扎口子，打埋伏，打小仗，吃补药，吃得下就吃，吃不下就跑"。

地雷原是闽北农民用于防范深山野兽的武器。崇安上梅暴动后，为阻止敌人进山"扫荡"，退到山里的干部群众在进山路口埋设了地雷。方志敏认为地雷威力巨大，便认真总结经验，在省、县、区、乡苏维埃分别成立地雷部，办地雷厂，开展地雷战，从而使闽浙赣根据地成为我军开展地雷战的发源地。据1932年初步统计显示，闽浙赣根据地一年内用地雷炸死敌人3000多人。1934年4月，中央苏区发文向全国各根据地推广方志敏的地雷战经验。

在根据地建设方面，闽浙赣苏区创立股份制，发行红色股票。1930年10月，赣东北特区贫民银行成立。方志敏主持制定《临时消费合作社条例大纲》，普遍建立消费合作社。由此，闽浙赣省苏区改过去财政靠打土豪收入为积极发展国民经济、扩大贸易，搞活财政。

中共闽浙赣省委机关旧址

在加强党的建设上，闽浙赣苏区制定了《共产党员守则二十二条》，其中，第三条"牺牲个人"，提出革命就是拼命才能成功；第十九条"不得贪污"，指出吃铜打夹账，只有请他滚出去（"吃铜"即吃铜圆，贪污；"打夹账"指做假账）。该守则立足实际、通俗易懂，对加强党员信仰、纪律、廉政教育发挥了重要作用。

中央红军主力长征后，方志敏奉命率领北上抗日先遣队进入国民党心腹地区"打大仗"，后陷入敌人重围，在与敌周旋13天后不幸被捕。蒋介石多方诱降不成，于1935年8月6日凌晨将方志敏残忍杀害。方志敏英勇就义时，年仅36岁。

2009年，方志敏被中共中央宣传部、中共中央组织部、中共中央统一战线工作部等11部门联合评选为"100位为新中国成立作出突出贡献的英雄模范人物"之一。

★红色基因我传承★

闽浙赣革命根据地在方志敏等人的领导下，进行革命斗争和实践创造，取得了根据地建设的巨大成就：建设了坚强的党组织，在农民武装的基础上创建了正规红军，创造了一整套颇有特色的战略战术原则，独立自主地开展了卓有成效的经济文化建设，有力配合了中央苏区反"围剿"战争，有力策应了中央红军主力的战略转移，丰富了革命道路的理论和实践。

# 中央苏区"节省运动"

★ 我有红色传家宝 ★

这是一张非常特殊的粮食票证——"每人节省三升米捐助红军"三联收据,它记录了1934年7月江西省兴国县谢统增全家"节省二斗谷子支援红军"的故事。

该收据为竖式表格结构。表格右边载有票证持有人的姓名、全家总人口数、节省数量(包括米子、谷子数量)等信息;左边则载有收到单位的落款(包括乡苏维埃政府主席和经手人的印章)及收到时间等信息。此收据为

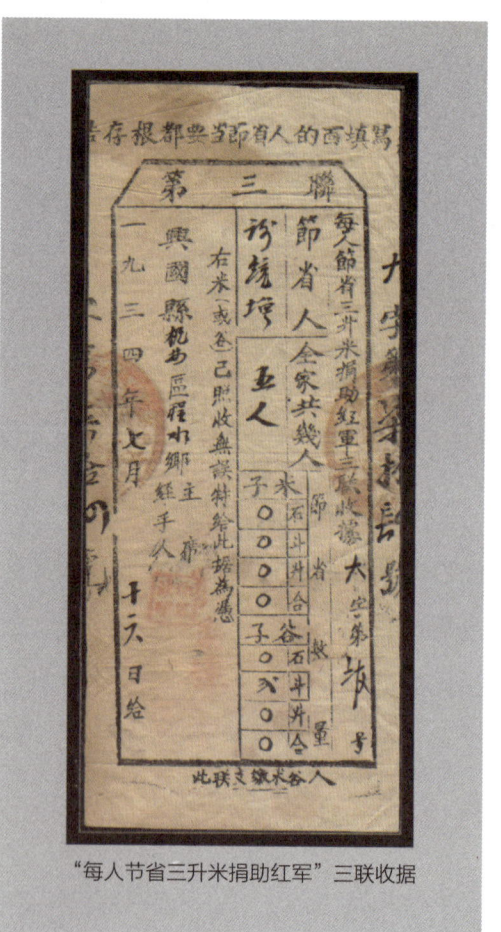

"每人节省三升米捐助红军"三联收据

四联单,一联为存根,二联为乡苏维埃政府记账单,三联为缴交人的收据,四联则为区苏维埃政府记账单。这种收据虽然看起来非常简单,但手续完备,尤其是上方的一行文字"存根都要当节省人的面填写",表明苏区干部的工作作风非常扎实。

## ★红色故事分享会★

## 苏区干部带头节俭

中央苏区第三次反"围剿"战争胜利后,国民党反动派"不但组织了武装力量进行军事上的'围剿',而且在经济上实行残酷的封锁政策""他们想用饥饿、死亡、烧杀的政策企图来扑灭苏维埃革命",中央苏区物资严重匮乏,广大军民生活异常艰难。对此,中华苏维埃共和国临时中央政府在经济建设上一手抓生产,一手促节约,在中央苏区掀起了一场"做节省一切开支以充裕战争经费的运动"。

中央苏区各地实行节省方针,反对浪费,苏区领导率先垂范,

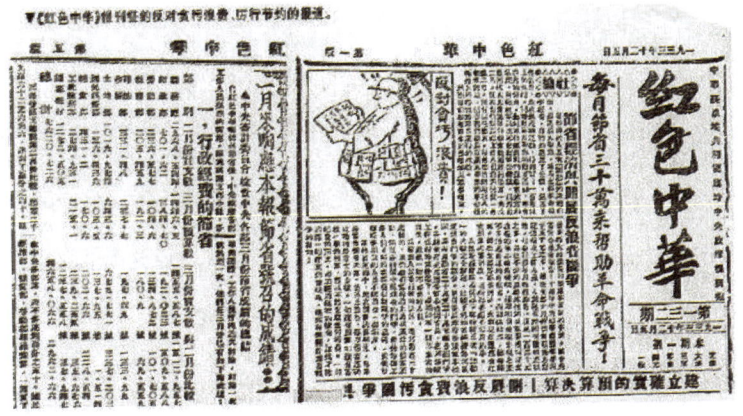

1933年12月,《红色中华》报刊登的反对贪污浪费、厉行节约的报道

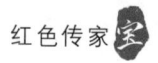

各级党政机关响应号召，裁减冗员，核减行政经费，减少供给项目，降低供给标准，为革命战争节省每一个铜板。

身为中华苏维埃共和国临时中央政府主席的毛泽东首先带头节约，他每天的生活标准只有三钱盐、二钱油，穿的衣服也总是打满补丁，按规定他的油灯可点三根灯芯，但他坚持只点一根，从不搞特殊。周恩来、朱德等领导同志也与苏区军民一样，过着"有盐同咸、无盐同淡"的生活。

为节省办公经费，苏区党中央局规定，以木油代替火油，人走灯熄，本埠信件尽量使用二手信封或用毛边纸自造信封，文件起草尽量用无用文件及油印裁下的废纸，油墨大部分使用自造油墨等。全总苏区执行局号召各工会组织节省经费，减少中央政府对执行局的津贴，裁减秘书处工作人员，尽量节省办公费用。全总苏区执行局委员长刘少奇带头开展节省运动，有一次，中革军委总供给部部长杨至成找刘少奇汇报工作，正赶上午饭时间。大家找到刘少奇时，只见他正在吃用清水煮熟的番薯叶。

1934年春，为了克服困难、节约经费，江西省苏维埃政府主席刘启耀和中央土地部副部长胡海等领导干部，带头不领公家发放的伙食费，自己从家中带米办公。在他们的带动下，家住苏区的本地干部，都自觉回家背米背菜到机关，从而留下了"苏区干部好作风，自带干粮去办公，日穿草鞋干革命，夜打灯笼访贫农"的佳话。

中华苏维埃政府的工作人员，无论担任什么职务，其待遇都与群众一样，从来不搞特殊。群众和干部之间，只有工作分工不同，没有生活待遇区别。政府的一切收支完全公开统一，财政的支配不允许个人操纵。

江西省兴国县苏区干部好作风陈列馆

★ 红色基因我传承 ★

  中央苏区开展的"节省运动"取得了巨大成效，不仅节约了经费，有力支持了中央苏区的经济建设和革命战争，还教育了苏区广大干部和工农群众，传承了勤俭节约的光荣传统，形成了党的优良工作作风。同时打击了经济犯罪，查处了一批腐败分子，纯洁了革命队伍。党和政府的威望进一步提高，赢得了广大群众的拥戴。"节省运动"对争取革命胜利、巩固苏维埃政权发挥了重要的作用。中央苏区"节省运动"所倡导的艰苦奋斗、勤俭节约的精神，对于今天我们建设节约型社会，实现中华民族繁荣富强之梦，仍有十分重要的现实意义。

# 红军宣传漫画

★ 我有红色传家宝 ★

　　这是一幅由黄亚光设计绘制的红军宣传漫画，曾发表在《红色中华》报第 180 期第 5 版（1934 年 4 月 26 日出版）上。这幅宣传漫画的主题是：工农群众团结一致，挥起紧握的拳头和像刺刀一样的苏维埃法令，打倒一切反革命分子。画面右下角有一个"亚"字落款，表明这幅宣传漫画的作者是黄亚光。此类宣传漫画在苏区比较常见，主要特点是线条粗犷，画面简洁，寓意深刻。

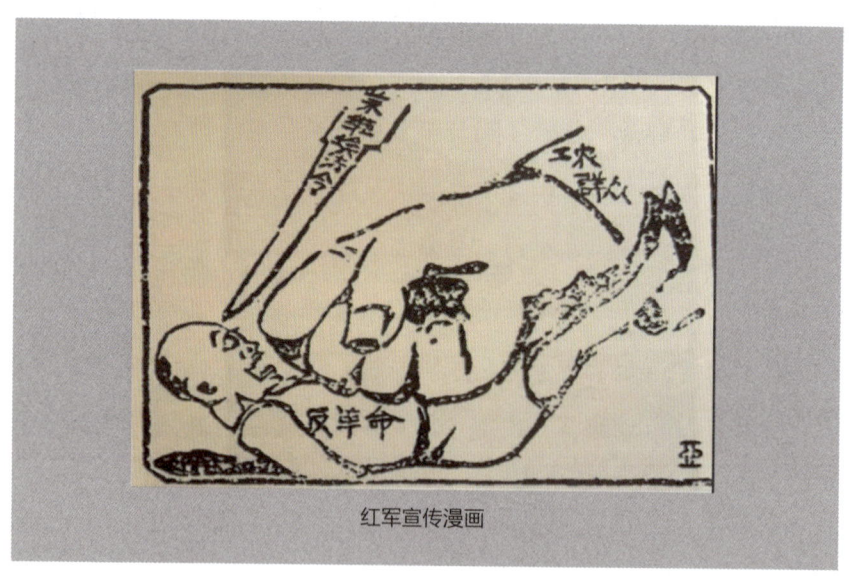
红军宣传漫画

## 红色故事分享会

## "红色设计师"钱壮飞

被誉为中共隐蔽战线"龙潭三杰"之一的钱壮飞，不仅是一名威震敌胆的红色特工，还是一名才华出众的青年，拥有医生、设计师、演员、漫画家等不同身份。

1931年夏，钱壮飞辗转来到中央苏区。这位对红军赢得反"围剿"战争的胜利作出过巨大贡献的隐蔽战线战士，终于脱下西装，换上了军衣草鞋，沐浴在党的阳光下。

钱壮飞初到苏区时，鉴于他毕业于北京医学专门学校，组织上暂时把他安排在建宁康都红一方面军总司令部卫生

钱壮飞

所当医生。那时，只有很少人知道他的经历和身份。钱壮飞医术高明，看病仔细，对伤病员和气、有耐心，很快就成了红军战士们喜爱的"钱大夫"。不久，钱壮飞调任苏区中央局政治保卫处，重返保卫工作岗位。1931年"一苏大"召开后，钱壮飞被任命为中革军委政治保卫局局长。从那以后，钱壮飞为健全工作网络，加强队伍建设，打击各类破坏活动，维护苏区秩序，作出了重要贡献。

1931年9月，红军粉碎了国民党反动派的第三次"围剿"，赣南、闽西革命根据地连成一片。中华苏维埃共和国临时中央政府的成立，极大鼓舞了苏区军民的革命斗志。在蓬勃发展的苏区文艺运动中，钱壮飞这位多才多艺的红色特工，释放了他非凡的艺术才华。

钱壮飞善于书画，左右手都能写字，中央机关召开重要会议时的许多会标、标语都出自他之手。他还为苏维埃中央政府机关报《红色中华》题写了刊名。当时，钱壮飞担任《红星报》特约漫画家和兼职美术编辑，是主编邓小平的得力助手，为《红星报》绘制了大量高质量的漫画。钱壮飞创作的漫画形式多样，主要分为布绘、墙绘、板绘、报刊漫画，目前留存下来的主要是报刊漫画。这些革命漫画内容丰富，有表现红军反"围剿"战争的，有号召苏区群众支援红军的，有抨击国民党政权反动统治与腐败的。钱壮飞的革命漫画主题鲜明，构思新颖，浅显易懂，幽默夸张，针对性强，充满战斗性，在教育革命队伍内部同志等方面，取得了良好的宣传效果。

钱壮飞创作的革命漫画

钱壮飞多才多艺，是红军时期集编、导、演于一身的戏剧活动家之一。早在1926年，钱壮飞就与好友一同参演了电影《燕山侠隐》，并饰演马醒非。苏区工农剧社蓝衫团学校（后为"高尔基戏剧学校"）建立后，钱壮飞受邀担任"义务演员"，常与李克农、胡底合编剧本，执导并主演了《红色间谍》《最后的晚餐》《为谁牺牲》《杀上庐山》等话剧，引起强烈反响，深受苏区人民喜爱。

中华苏维埃共和国临时中央政府成立后不久，国民党第二十六军董振堂、赵博生发动宁都起义，率领1.7万多人加入工农红军，后改编为红五军团。为了慰问起义将士和开展宣传教育工作,毛泽东要求胡底、钱壮飞、李伯钊三人组织一支宣传队,做慰问工作。钱壮飞高超的演技在《为谁牺牲》中体现得淋漓尽致,他扮演的蒋介石因形象酷似而为人称道。随着演出活动的不断增多,钱壮飞及其战友发起成立了瑞金第一个专业化演出团队"八一剧团"。

钱壮飞最精彩的艺术成就,要数他设计的"红都"六大建筑:中华苏维埃共和国临时中央政府大礼堂、红军烈士纪念塔、红军烈士纪念亭、红军检阅台、博生堡、公略亭。钱壮飞通过巧妙的构思,将革命主题与实用功能、建筑艺术融为一体,显示了他的革命素养和艺术才华。毛泽东曾高兴地拉着钱壮飞的手,由衷赞道:"你是个奇才!演戏、画画、搞保卫样样出色,想不到还是一名红色设计师啊!"从此,钱壮飞"红色设计师"的雅号便在中央苏区不胫而走。

1934年10月,中央红军主力被迫实行战略转移,开始了著名的长征。为随时掌握敌情,确保通信联络畅通,中革军委第二局在曾希圣、钱壮飞的带领下,分成两个梯队交替行进,轮流值班,昼夜奋战,全力保障情报侦收、破译、译电等工作。

中央红军四渡赤水河后,随即挥师南下,南渡乌江。1935年3月底,钱壮飞掉队失踪,党中央于事后确认钱壮飞已不幸牺牲。2009年9月,钱壮飞被评为"100位为新中国成立作出突出贡献的英雄模范人物"之一。这位中共党史上的关键人物,他的信仰、他的忠诚、他的奉献、他的才华,将被党和人民永远铭记。

# 红色传家宝

★ 红色基因我传承 ★

　　苏区宣传漫画，在动员群众、组织群众、打击敌人等方面所产生的作用，是枪与子弹替代不了的。一颗子弹只能消灭一个敌人，而一幅宣传漫画则可以打击一大片敌人，团结一大片群众，具有无穷的战斗力。总而言之，苏区宣传漫画，是那段血与火的历史的真实反映，是珍贵的革命文物，是见证中国革命历史风云的"活化石"，也是承载着中国革命精神和优良传统的"生动教材"。

# 红军特种射手银质奖章

★ **我有红色传家宝** ★

这是一枚红军三十六师颁发的特种射手银质奖章，为链条挂式，由奖章和奖章顶部的银横条、银链圈组成。银横条连着14个银链圈，用于将奖章挂在上衣纽扣洞处。这枚银质奖章是椭圆形的，规格为45毫米×30毫米。奖章正面最上方有一个五角星，五

红军三十六师特种射手银质奖章

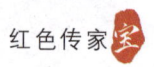

角星中央有一个镰刀和锤头组成的中国共产党党徽图案，五角星周围是光芒四射的线条；奖章正面中间有线条花纹，将整枚奖章分为上下两个部分，线条花纹的上方有"特种射手"4个字，线条花纹下方有"红军三十六师"6个字；奖章正面的最下方则是一个大大的"奖"字。奖章背面有一个印章（已看不清楚具体内容）和一个"10"字。整枚奖章重约7克。

## 红色故事分享会

### 红三十六师的故事

张宗逊，陕西省渭南县（今渭南市）人。土地革命战争时期参加秋收起义，后随毛泽东上井冈山，参加了创建革命根据地的斗争。1928年5月，朱毛红军会师后，组建中国工农红军第四军，张宗逊成为我军创始阶段的少数几个连长之一。1929年1月，张宗逊随军转战赣南、闽西，1930年10月任红一军团第十二军第三十六师师长，率部参加过中央苏区五次反"围剿"战争。

张宗逊率领的中国工农红军第三十六师，其主体是闽西游击队。这支游击队以龙岩独立一团、上杭独立二团、上杭独立六团、永定独立三团、连城独立五团，以及漳州平和的朱积垒团为基础，于1930年3月18日闽西苏维埃政府成立后，组建红军

开国上将张宗逊

第九军，全军3000多人，2000支枪。同年5月，闽西红九军再次接受中央红军改编，改称为红军第十二军。10月，红军攻占江西吉安后，红军第十二军扩编为三十四师、三十五师、三十六师。其中，三十六师师长正是张宗逊。

红三十六师师长张宗逊严格按照方面军正规化要求，从严治军，规定条令，设立奖惩制度，不断砥砺这支地方游击队。其中，特种射手奖章便是红三十六师为激励战士们在战场上精确射击、英勇作战而颁发的。在当时的艰苦条件下，每一颗子弹都来之不易，红军战士必须在战斗中精确射击，努力提高作战效率。另外，张宗逊还结合闽西子弟擅走山路的特点，不断从严打造，让这支"泥腿子"队伍逐渐从一支地方游击纵队成长为红一方面军的主力师。

红三十六师成立后不久，便参加了第一次反"围剿"战争。1930年12月底，在歼灭敌军张辉瓒师的战斗中，三十六师奉命支援红三军团第九师，缴获各种枪支900多支，是十二军中缴获最多的一个师。

任红三十六师师长时的张宗逊

1931年5月，红三十六师参加第二次反"围剿"战争，7月又参加了第三次反"围剿"战争。蒋介石吸取了前两次失败的教训，决定采取"长驱直入"的战法，妄图消灭我红军主力。红军在毛泽东、朱德的正确指挥下，采取"诱敌深入"等作战方针，以盘旋式打圈子的战术，把敌人拖累拖垮，然后集中兵力歼敌。

1931年8月7日至11日，红三十六师跳到敌人背后，与兄弟

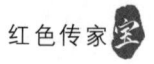

部队一道，在莲塘、良村、黄陂连打三仗，三战三捷，歼敌1万多人。在各路敌军对红军的包围圈越缩越小的情况下，8月13日，红一方面军总部命令红十二军佯装主力，向东北方向运动，引开敌人。毛泽东、朱德亲自率领主力，从两路敌人的间隙中穿过，跳到敌人背后隐蔽休整，以逸待劳，伺机破敌。

为了让敌人上当，牵住敌人主力这头"牛"，红三十六师把这一任务完成得有声有色。师长张宗逊和政委邓华各骑一匹战斗中缴来的高头大马，时而在前，时而在后，指挥部队虚张声势。他们将行军距离拉大，将队伍拉长，一路上红旗招展，军号嘹亮；夜晚行军时，他们又故意点起无数火把；过岔口或宿营时，他们又故意把红一方面军主力的所有番号亮出来，以达到迷惑敌人的目的。

红三十六师能顺利完成这一任务，全赖红军战士们的双腿和坚强的意志。师长、政委关心病号和伤员，经常把自己的战马让给他们骑。师长、政委脚穿草鞋，和战士们一起徒步急行军，还不时为战士们扛枪、背背包。师长、政委如此关心爱护战士，红三十六师全师上下始终保持着高昂的士气。

就这样，红三十六师与红十二军的其他兄弟部队，克服各种困难，用自己的双腿，牵着敌人主力的鼻子，在赣南的崇山峻岭中打转。直到一个半月后，敌人才清醒过来，但此时他们早已疲惫不堪，根本没有什么战斗力了。9月初，蒋介石只得放弃此次"围剿"，下令撤退。以逸待劳的红军主力趁势追击，歼敌2万多人，取得了第三次反"围剿"的伟大胜利。

红三十六师以神速的运动调动了敌人，为歼敌战略的顺利实施作出了重要贡献，被誉为"铁脚板""两足高度机械化部队"。

★ 红色基因我传承 ★

红三十六师特种射手银质奖章,是授予在战场上精确射击、英勇善战、战功显赫的红军将士的。颁发奖章,是当时那个特殊且艰苦的环境下,红军为节省每一个铜板、每一粒子弹而采取的行之有效的奖励措施。奖章虽然做工粗糙,但它凝结了无数红军指战员为推翻旧世界、建立新中国,而抛头颅、洒热血的拳拳赤子之心。愿这枚珍贵的奖章背后的革命精神,继续激励今日的有志青年为实现中华民族伟大复兴的中国梦,而不懈努力奋斗!

# 烽火硝烟中的"托孤条"

★ 我有红色传家宝 ★

这是一封革命年代的"托孤条",也是一封催人泪下的《嘱子书》。信中这样写道:"刘门王氏生小儿名叫熊生,今送给黄家抚养成人,长大后在黄家承先启后,但木有本,水有源,父母深恩不可忘记,仍要继承我等志愿为革命效力,争取更大光荣。特留数

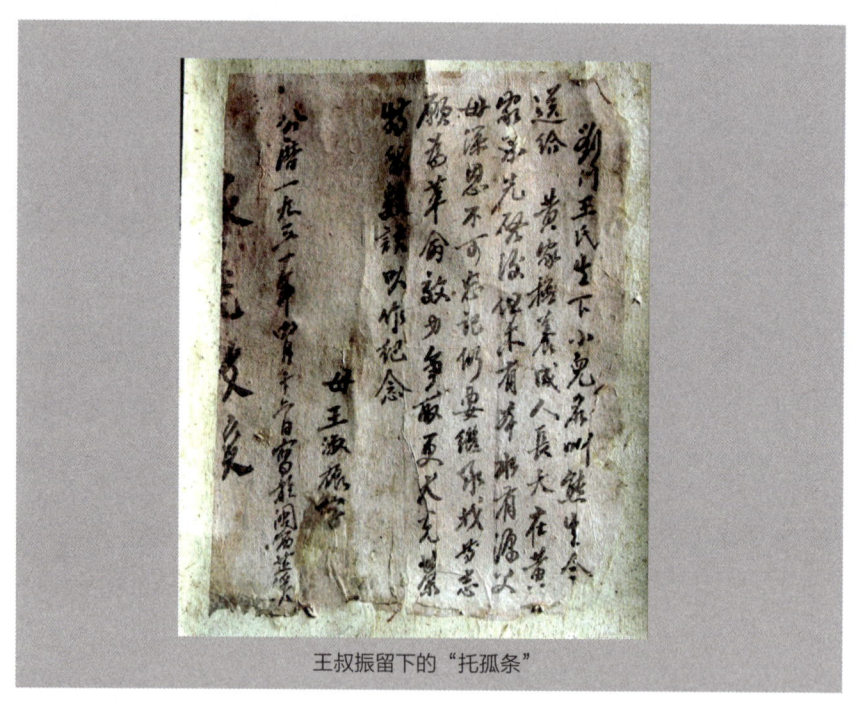

王叔振留下的"托孤条"

语，以作纪念。母：王淑振字，公历一九三一年四月十六日写于闽西芷溪。"写信人是革命烈士刘伯坚的妻子，被党组织派到闽西从事妇女工作的王叔振。

红色故事分享会

## "托孤条"见证大爱

刘伯坚是中国共产党早期优秀党员、无产阶级革命家，其妻子王叔振（原名王淑贞，又名王淑振）曾任中央苏区中央秘书科科长。二人结婚后，繁忙的革命工作，使得他们聚少离多。

刘伯坚

1930年，王叔振从江西瑞金调到闽西从事妇女工作。全身心投入革命的刘伯坚夫妇，此前已把两个儿子——虎生和豹生托付给了群众抚养。1931年3月中旬，他们的第三个儿子在连城新泉芷溪村出生，取名刘熊生。

就在三儿刘熊生出生40多天后，王叔振接到上级调令，任命她为苏区中央局秘书科科长。此时，是带着嗷嗷待哺的孩子一起到瑞金赴任，还是给孩子找个合适的人家抚养，成了王叔振的艰难抉择。经过一番考虑之后，革命意志无比坚定的王叔振，作出了"为了苏维埃事业的胜利，只得把孩子送人"的决定。

王叔振找到芷溪区苏维埃政府主席等人商议此事。大家集思广益之后，决定把孩子交给芷溪区苏维埃政府秘书黄荫达夫妇抚养。

王叔振在连城芷溪工作期间的住所

因为黄荫达的妻子邱满菊人品好,政治上也可靠,而且她刚刚在不久前生下一个女孩,有奶水。

吃过晚饭后,王叔振把小熊生喂得饱饱的,然后把儿子紧抱在胸前,迈着蹒跚的步履来到黄荫达家。黄荫达夫妇获悉王叔振的来意后,对视了一眼,他们觉得兵荒马乱的,多个人就多一笔开支,自家靠种田为生,没什么其他收入,便感到有些为难。但是,当他们得知王叔振为了革命事业而舍弃小家时,便都毫不犹豫地说:"既然你决定了,那我们一定把孩子抚养成人,你放心。"

黄荫达夫妇的明确表态,让王叔振心头一暖。她哽咽着说了声"谢谢",便含着热泪将小熊生递给了邱满菊。

临行前,王叔振拿起毛笔,在毛边纸上写下了一封"托孤条"。

王叔振写好字据后,又将字据从"承先启后"四个大字中对半撕开，以便日后相认。

王叔振走近小熊生，俯下身去，用脸颊轻轻地碰了碰儿子粉嫩的脸蛋，喃喃自语："孩子，原谅妈妈。妈妈对不起你，等革命成功了，妈妈一定回来接你。"说完，王叔振满脸泪水地和黄荫达夫妇握手道别。

谁知自此一别，母子俩再也没有相见。

1935年，小熊生的父母刘伯坚、王叔振相继牺牲。而养父母家也在此前发生了重大变故：1931年6月，养父黄荫达不幸含冤遇害，悲愤交加的养母邱满菊没了奶水。断了奶的小熊生，又不幸患上了甲亢。屋漏偏逢连夜雨，邻居家不慎失火，养父母家的房子也惨遭焚毁。

面对诸多苦难，邱满菊表现出了客家妇女的坚韧与刚强，靠帮商贩挑杂货，帮人缝补衣物，挣点微薄的收入，扛起生活的所有苦难。为了抚养烈士遗孤，让小熊生健康成长，邱满菊甚至卖掉了自己的亲生骨肉。

小熊生在艰难困苦中慢慢成长，1953年8月，党组织找到熊生时，他已是高中一年级的学生。得知自己的身世之后，熊生不忍心丢下为自己吃尽了千般苦的养母去北京学习，便谢绝了组织的好意。

辛苦了一辈子的邱满菊，于1968年安详去世。这位伟大的苏区母亲，用自己无怨无悔的付出，兑现了当初的郑重承诺。

1979年，黄熊生与从未谋面的两个哥哥刘虎生、刘豹生在北京相聚。当黄熊生拿出那张由母亲手书的"承先启后"骑缝字据时，三位年近半百的中年汉子百感交集，抱头痛哭。这是兄弟团聚的喜悦之泪，也是深切缅怀父母的悲伤之泪。

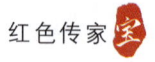

黄熊生一直在芷溪生活。他始终铭记父母"承先启后"的革命遗志，一生守护着含辛茹苦抚养自己长大成人的养母，反哺养育自己长大的红色热土。为了侍奉养母，黄熊生当了一辈子农民，他真诚待人，老实做事，克勤克俭，后于1999年安然辞世。

★ 红色基因我传承 ★

王叔振于战火硝烟中写下"托孤条"，忍痛告别自己的孩子，用自己宽广、坚强、勇敢、慈爱的胸怀，唱响了别样的母爱之歌。黄荫达、邱满菊夫妇，先人后己，含辛茹苦地践行承诺，令人动容。黄熊生，满怀感恩之情，尽心侍奉养母，令人敬佩。他们身上闪耀着的，是人间真情和大爱，这种精神永远值得我们学习和传承。

# 中央兵工厂生产的弹药

★ 我有红色传家宝 ★

1931年10月,毛泽东、朱德和中革军委审时度势,决定在江西省兴国县莲塘区(今兴莲乡)官田村,开办我党我军第一个大型综合性兵工厂——官田中央兵工厂。官田中央兵工厂有枪炮、杂械、弹药三个分厂。其中,枪炮厂以修理为主;杂械厂主要生产刺刀、木壳、牛皮等;弹药厂则主要生产子弹和手雷。

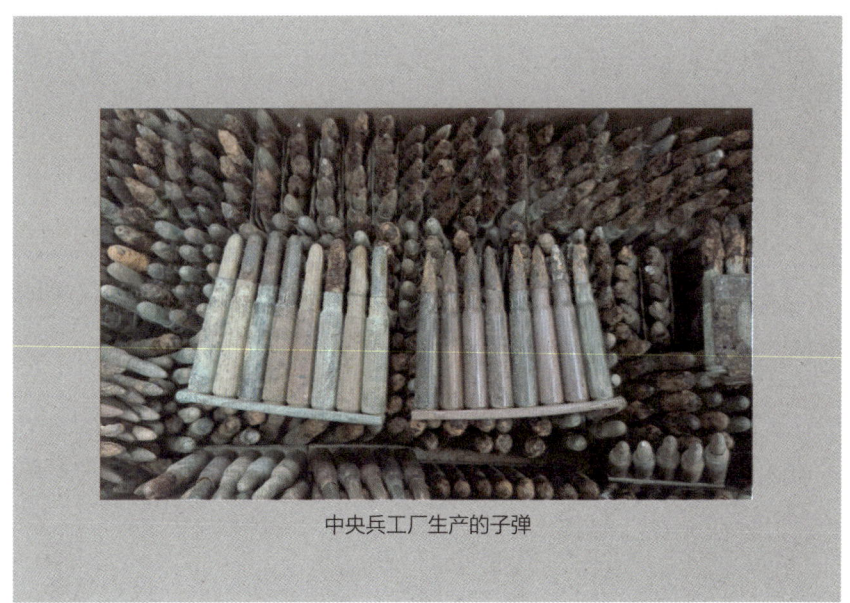

中央兵工厂生产的子弹

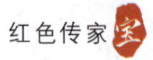
红色传家宝

中央兵工厂生产的手雷

由于缴获的枪支不同,中央兵工厂自制的子弹分为3种:尖头子弹1种,圆头子弹2种。中央兵工厂自制的手雷,外形酷似小地瓜,上头大而圆,下端小而钝,呈椭圆形,苦瓜纹,被战士们亲切地称为"小甜瓜"。

## 红军的"重武器"——手榴弹

故事的主人公是一颗手榴弹。这颗有着一根长长的麻绳尾辫的家伙,有个形象的名字,叫马尾弹。

1931年9月,中央苏区粉碎了国民党军队的第三次"围剿",革命队伍迅速发展壮大,迫切需要大批枪支弹药。经过多次考察讨论,红军决定在江西省兴国县莲塘区官田村兴建兵工厂。

官田村位于赣南苏区的中心腹地,这里背山面水,极为隐蔽,既可安全制造武器，又能以最快速度将武器送达战场。经过紧张的筹备，1931年10月，由中国共产党独立创办的第一个兵工厂——官田中央兵工厂正式成立，由此揭开了我国军事工业发展的序幕。

官田中央兵工厂，又名"中革军委兵工厂""中央红军兵工厂"。成立之初，由于资金短缺，官田中央兵工厂设备极其简陋，整个兵工厂只有4座打铁炉、300多把老虎钳和锉刀，工人们只能修复一些损坏的枪械。而此时，前线红军的武器极其紧缺，新战士入伍后只能拿着梭镖、大刀上战场，每场战斗都意味着巨大的伤亡。面对随时可能卷土重来的敌人，兵工厂必须在一穷二白的条件下想尽一切办法供给前线。

官田中央兵工厂旧址

聪明勤劳的兵工人没有让党和人民失望，在一次又一次试验之后，他们终于研制出了一种带着长长的麻绳的手榴弹——马尾弹。因为完全靠工人的双手制作而成，所以这种手榴弹弹身粗糙。手榴弹里面装的炸药，也是工人师傅用土硝精心熬制的。而那根长长的"马尾辫"，则取材于当地常见的麻绳。

为什么要在手榴弹上系一根长麻绳呢？你可别小瞧了这根麻绳，它可凝结着兵工人的大智慧呢！战士们投弹时，握住"马尾辫"旋转几圈后甩出，在离心力的作用下，马尾弹飞得比手持手榴弹更远。更重要的是，"马尾辫"能起到平衡作用，保证弹头先落

红色传家宝

马尾弹

地，这就大大提高了手榴弹的命中率和杀伤力。虽然马尾弹仍无法与敌人先进的武器相比，但作为红军的"重武器"，马尾弹确实给予了前线战士莫大的信心和战斗力。

1932年5月的一天，官田中央兵工厂接到紧急命令：迅速制造一批马尾弹，支援前线作战。于是，一张张设计图纸，一次次试制零部件，夜以继日地赶工，那是汗水、钢铁、炸药、麻绳共同发酵的每一分每一秒。就这样，经过加班加点的劳作，由兵工人自主制造的第一批马尾弹被送上了战场，为前线部队打败敌人立下了汗马功劳。

从1931年至1934年，中央兵工厂驻官田短短两年多的时间里，共计修配步枪4万多支、机枪两千多挺、迫击炮100多门、山炮2门；共生产子弹40多万发、马尾炸弹6万多颗、地雷5000多颗。官田中央兵工厂制造和修配了大量武器弹药，保障了红军战场的需要，有力地支援了革命战争。

抗日战争胜利后，随着人民兵工技术水平的不断进步，我军的武器装备也焕然一新。曾经的马尾弹慢慢退出了战场，但它为革命事业作出的贡献，将永远在历史的长河中闪闪发光。当新式武器一茬接一茬地更新亮相时，让我们心中升腾起民族自豪感时，请不要忘记那颗梳着"马尾辫"的手榴弹！

中央兵工厂生产的弹药

★ 红色基因我传承 ★

官田中央兵工厂，是中国共产党在苏区时期创建的第一个大型国有工业企业，在党的领导下，走过了一条从无到有、从小到大、从弱到强的艰苦创业之路。在官田这个小山村里，中央兵工厂为国有大型企业建设、发展和民主管理等，创造了丰富的经验。同时，兵工人发扬"把一切献给党"的精神，为支援革命战争、建立新中国，作出了不可磨灭的历史贡献。

# 红军残废证书

★ 我有红色传家宝 ★

这是一本中华苏维埃共和国中央执行委员会人民委员会革命军事委员会颁发的红军残废证书。残废证书有封面、残废人基本情况、抚恤委员会优抚情况、封底,共4个页面。封面上有一个艺术造型的镰刀锤头图案,图案左边竖书"残废证书"4个字,左下角配有一朵花。封底载有残废证书使用说明:一、每年1月1日至31日,可持此证到中央革命军事委员会抚恤委员会,或所指定的机关领取抚恤金。二、持此证书可享受优待红军条例及红军抚恤

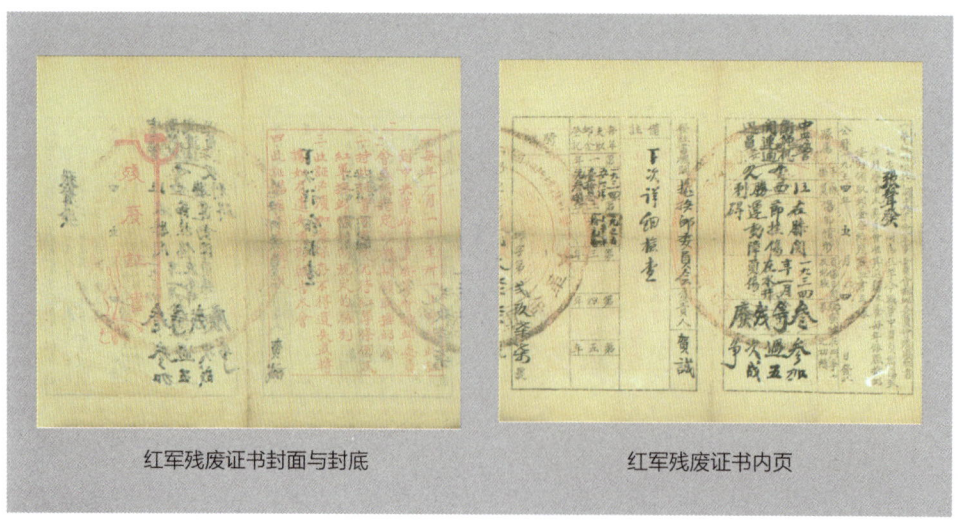

红军残废证书封面与封底　　　　　　红军残废证书内页

条例所规定的权利。三、此证必须加意保存，不得遗失或转让，如有遗失须即报告本会。四、此证满 5 年交换一次。内页右边记载的是残废人的基本情况，加盖"中华苏维埃共和国中央执行委员会人民委员会革命军事委员会"印章；左边记载的是抚恤委员会优抚情况，加盖"中华苏维埃共和国中央执行委员会人民委员会革命军事委员会"骑缝章。

### 红色故事分享会

## "无产阶级的硬骨头"韦一平

韦一平，又名韦瑞珍，1906 年 11 月出生于广西天河（今属罗城）。

韦一平少年立志，勤学上进，受进步思想影响，怀着为中华民族争取自由解放的抱负，投身革命洪流。

韦一平于 1923 年秋到广东三水参加农民革命运动，于 1924 年 5 月加入中国共产党。此后数年间，韦一平参加了讨伐陈炯明、广州起义、海陆丰起义、百色起义，先后 4 次负伤。

1930 年，韦一平跟随邓小平、张云逸、李明瑞领导的红七军千里转战，历尽艰险，

韦一平塑像

北上江西，与中央红军会合。1931年到达江西苏区后，韦一平立即投入第二次反"围剿"战争。1931年夏，在第三次反"围剿"战争中，韦一平在指挥作战时又一次负伤，左腿致残。伤愈后，由于行动不便，组织上把韦一平调离主力部队，到湘赣红军学校任教员。后来，韦一平于1934年任永新县军事部部长，于1935年任湘赣军区动员部部长、武装部部长等职。

中央红军主力长征后，在极其艰难的条件下，韦一平拖着伤残的左腿，以常人难以想象的毅力，坚持游击战争。在陈毅等同志的领导下，韦一平等人秘密联络党员，放手发动群众，恢复和发展党组织，建立工农武装，在武功山脉浴血坚持，进行了三年艰苦卓绝的游击战争，使萍乡、宜春、安福革命根据地迅速扩大。时任湘赣省苏维埃政府主席的谭余保，称赞韦一平是"无产阶级的硬骨头"。

全民族抗战爆发后，韦一平跟随陈毅出山，南方八省红军游击队也被整训编入了新四军。1939年，韦一平到苏北开辟敌后抗日根据地，同年12月担任苏北特委书记。1940年，韦一平率领所属部队取得了吴家桥战斗、郭村保卫战的胜利。同年9月，韦一平又参加了著名的黄桥决战。作为黄桥决战支前委员会的主要领导人之一，韦一平积极发动群众支前，为黄桥决战的胜利提供了强大的保障。

随后，韦一平调任苏中第三地委书记。这时正是抗日战争最为艰难的时期，韦一平充分运用赣南游击战的经验，将部队化整为零，开赴敌占区，边打游击边发动群众，建立抗日民主政权和地方武装，壮大人民力量，配合主力部队打击敌人，粉碎敌人的"扫荡""清乡"和"蚕食"，先后取得了讨伐李长江战役、车桥战役的胜利。

1945年2月,韦一平奉命调任苏中军区教导旅政委,4月率部横渡长江,南下进入浙西。5月底,韦一平率部配合粟裕、叶飞指挥的第三次天目山反顽军战役,粉碎了顽军的进攻,歼敌2万多人。

1945年秋,全民族抗战胜利后,韦一平奉命率部北撤。在完成掩护主力部队北撤任务之后,韦一平作为最后一批北撤人员,于10月15日夜率800多名战士乘坐"中安"轮横渡长江。由于风大浪高,"中安"轮船底漏水,眼看就要沉船了。危急时刻,韦一平沉着指挥战友们脱离险境,自己却挺立船头,坚持到最后一秒钟,终因船沉而遇难,时年39岁。

韦一平故居

红色传家宝

★ 红色基因我传承 ★

　　1931年11月，中华苏维埃第一次全国代表大会通过了《中国工农红军优待条例》。1932年2月，中华苏维埃共和国中央革命军事委员会通过了《红军抚恤条例》。这两项条例是中华苏维埃共和国时期拥军优属最重要的法律文件。一系列拥军优属政策的制定实施，不仅解除了红军战士的后顾之忧，而且在苏区形成了参军光荣的氛围，苏区广大群众参军参战的热情不断高涨。从1931年到1934年，中央革命根据地进一步壮大，红军队伍逐渐发展到约10万人，星星之火已成燎原之势。

# 闽西交通总局赤色邮花

★ 我有红色传家宝 ★

这是一枚由闽西交通总局发行的邮票,因邮票上印有"闽西交通总局赤色邮花"字样而得名"赤色邮花"。闽西赤色邮花邮票为全国苏区较早发行的邮票,印制颜色为墨绿色,无齿孔,用改良毛边纸平版石印印制。邮票中心为一个大五角星,五角星内有锤镰,锤镰朝向左上方放置;五角星上方突出注明了邮票发行单位"闽西交通总局",局名上方还画有一面飘扬的苏维埃旗帜;五角星下方为"赤色邮花"字样。此外,邮票左上角、右上角各有一个圆圈,

闽西交通总局赤色邮花

圈内分别写着"肆""片"字样；邮票左下角、右下角则各有一个正方形方框，框内均写有阿拉伯数字"4"。这表明这枚邮票面值（铜圆）4片。

苏维埃邮政发行的普通邮票

★红色故事分享会★

## 红色邮递员：人在文件在

土地革命战争时期，中央苏区活跃着一支隐秘而伟大的邮递员队伍——红色交通员。他们用生命传递情报，运送物资，转运信件。

为了确保各级党组织和政府之间的顺畅联络，红军在没有任何通信设备，没有任何现代交通工具的情况下，靠两条腿开辟了多条交通线，设立了众多交通站。交通站下设递步哨，递步哨下面则是一个又一个的交通员。

交通员的主要任务是传送文件，同时还要负责运送一部分物资。他们一般白天睡觉,晚上行动,这要求他们既要有过硬的身体素质,又要机智勇敢,熟悉地形。

欧阳倬是井冈山上的一名红色交通员,负责茶陵到永新这条线路。他总是半夜出发,举着火把翻山越岭,步行几十里的羊肠小道,摸黑完成任务。为防止因身份暴露而连累家人,他将儿子送给一位好友抚养。因为责任重大,欧阳倬不让家人知道自己是交通员,直到在一次执行任务时受了重伤,回家疗养的他才把真实情况告诉母亲,并将自己的交通证交给母亲保管。

后来,敌人得知了欧阳倬的交通员身份,便对其展开了搜捕。欧阳倬转移到峡江县,藏身于深山老林中,过着野人一般的艰苦生活,直到1949年中华人民共和国成立,才回到家乡,但他从来不和人谈及自己的这段经历。

1978年,欧阳倬离开人世。亲戚打扫房屋时,在墙洞里发现了两个油布包,打开一看,发现是两份交通证。其中一份是白棉布的,是当时通往"白区"的交通证;另一份则是现存于井冈山革命博物馆的红色交通证。

珍贵的交通证,见证了欧阳倬先辈对革命事业的赤胆忠心。事实上,像欧阳倬一样隐秘而伟大的红色交通员,还有很多很多。

1931年9月,中央红军胜利粉碎了国民党反动派的第三次"围剿",闽赣两省苏区连成一片,形成了以瑞金为中心的中央革命根据地。同年11月7日,中华苏维埃共和国临时中央政府在瑞金成立。

当时,苏维埃邮政的每位从业人员都既是邮务工作者,又是军事工作者。他们在艰难困苦的环境下尽忠职守,保障邮政通信正常

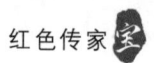

运行。为了完成传递任务,邮递员通常由红军战士护送,冲过国民党反动派的封锁线,而后依靠群众掩护,扮成做工或经商的人。邮递员有时把邮件藏在犁里,牵着牛假装去地里犁田;有时把邮件藏在毛竹里,化装成扛毛竹的农民,混过敌人的关卡。

邮递员兰生林在永丰住宿时,被"大刀会"匪徒砍成了重伤。他始终紧紧护着邮件,忍痛爬到老百姓的牛栏,最后在群众的护送下,安全抵达后方医院,完成了邮件传递任务,真正做到了"人在邮件在"。

谢德桃送"特别快信"到汀江,途中被敌人包围,进退无路。机智的谢德桃将"特别快信"吞入腹内,然后勇敢地跳下山崖,用自己年轻的生命,保住了党的秘密。

会昌县苏维埃邮局送信员连荣林经常背着信箱,带着十几岁的儿子连礼堂,日夜奔走在山区邮路上,后终因积劳成疾病逝。连礼堂子承父业,继续送信。有一次,连礼堂在送信途中突遇敌人袭击,他拼命往密林里钻,却不幸因身负重伤而昏倒在地。连礼堂仍然紧紧地抱着信箱,所幸被及时赶来的红军战士所救,邮件也完好无损地送达目的地。

…………

据不完全统计,仅江西一省涌现的交通邮递烈士就有1780多人。正是有了无数像欧阳俾、兰生林、谢德桃和连荣林父子这样的红色邮递员,才保证了红色交通线的畅通无阻。

**★ 红色基因我传承 ★**

早在1929年春,中国工农红军第四军进军闽西时,毛泽东、朱德就十分注意保护邮政通信工作,还在上杭古田签署了"保护邮局,照常转递"的命令。在中国革命最为艰难的岁月里,受通信条件的限制,赤色邮政担负起了机要交通和邮件传递的双重任务,邮交合一,使邮政承担了光荣且艰巨的使命与责任。通信联络,传递军情,传达命令,递送情报,投递信函……这些都为红军在对敌斗争中的统一行动和战斗的胜利提供了信息保障。闽西赤色邮花的发现,证明苏区红色政权邮政事业发祥于闽西。闽西赤色邮花见证了中华苏维埃共和国邮政事业发展历程,为后来中央苏区的邮政通信事业的发展奠定了基础,也为中华人民共和国成立后的中国人民邮政事业积累了宝贵的经验。

毛泽东、朱德亲笔签名的命令:"保护邮局,照常转递"

# 中央苏区婚姻登记证

★ 我有红色传家宝 ★

这是同一个人的3张婚姻登记证。离婚登记证,为"江西瑞京县苏维埃政府内务部制"。抬头为"离婚登记证"。证件竖书离婚人的基本情况:兹有谢昌炳23岁、张木香20岁,住瑞林乡仓下

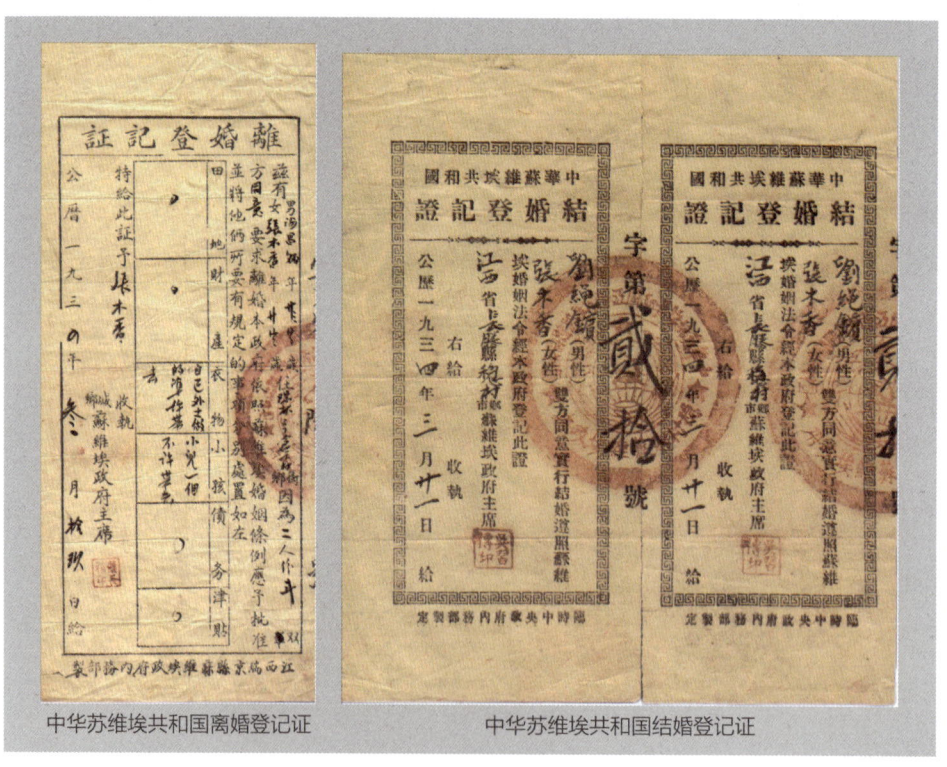

中华苏维埃共和国离婚登记证　　中华苏维埃共和国结婚登记证

村，因为两人作斗，双方同意要求离婚。本政府依照苏维埃婚姻条例，应予批准，并将他俩所要有规定的事项，分别处置如左。田地、财产分别为〇；衣物：自己外土做的准许带去；小孩：小儿一个不许带去；债务、津贴分别为〇。特给此证予张木香收执。乡苏维埃政府主席蓝长禧，公历一九三四年三月拾玖日给。两张结婚登记证，为"中华苏维埃共和国临时中央政府内务部制定"，内容相同：刘绳钻（男性）、张木香（女性），双方同意实行结婚，遵照苏维埃婚姻法令，经本政府登记此证。江西省长胜县稳村乡苏维埃政府主席吴碧傅（印章），右给□□□收执。公历一九三四年三月廿一日给。

★ 红色故事分享会 ★

## 一对勇敢的革命夫妻

黄富群，1908年3月出生于福建省连城县文亨乡（今文亨镇）的一个贫苦农民家庭。

黄富群从小帮家里干活，养成了坚强勇敢的性格。母亲认为，女孩子应该缠小脚，待在家里相夫教子，不应到处乱跑。但是，在黄富群的一再坚持下，母亲不再要求她缠足。黄富群15岁时，父亲去世了，幼小的她便以自己单薄的肩膀，支撑起了整个家庭。

黄富群长大后，身材高挑，五官精致，是村里最漂亮的姑娘。然而因为家境贫寒，黄富群没有机会念书，成了一个文盲。看着年龄相仿的姑娘纷纷出嫁，黄富群并不着急，她相信自己终有一天会遇上如意郎君的。

19岁那年,一位亲戚给黄富群介绍了邻村青年沈邦翰。两人一见钟情,不久后就到苏维埃政府登记结婚,并办了一个简单的婚礼。婚后,黄富群先后生下了两个孩子。

沈邦翰于1929年投身革命,任连城县苦力工会主席。在红四军的大力支持下,沈邦翰组织起了一支武装队伍,这支队伍经常与红四军协同作战,共同打击国民党反动派。

《中华苏维埃共和国婚姻条例》

黄富群十分支持丈夫的事业,自己也积极参加各种军事训练,成了一名勇敢的女战士。为了做好宣传工作,黄富群向妇女部的杨艳玉请教,求她教自己读书识字,学习军事文化知识。1931年,黄富群的努力和才华得到了上级的认可,被任命为连城县妇女部部长。

沈邦翰画像

黄富群画像

1934年，国民党反动派进犯连城，黄富群手持枪支，带着孩子们穿行在炮火纷飞的战场。

和母亲一样，黄富群的孩子们常常栖身山洞之中，攀登陡峭的山岭，靠采摘野果野菜果腹，穿着单薄的衣服和草鞋，饱受饥渴、寒冷和疾病的折磨。

有一次，队伍突然遭到敌军袭击。黄富群迅速背起孩子，拿起武器，和战友们一起抵御敌军。观察清楚敌军的攻势之后，黄富群带领一小队人绕到了敌人的左侧，迅速占领有利地形，成功切断了敌军的支援。经过紧张的激战，黄富群率领的游击队终于击败了这群敌军。战斗结束后，黄富群这才放下背上的孩子，可是孩子早就已经去世了。黄富群极度心痛，却只能强忍泪水，紧紧地抱着孩子的遗体。

1935年5月，因叛徒出卖，沈邦翰和黄富群在清流不幸被捕，随后被押回连城。敌人软硬兼施，黄富群每天都在酷刑中度过。两个多月过去后，黄富群全身上下没有一处完好的地方，但她仍然坚贞不屈，誓死不降。

敌人没了办法，决定杀害他们。1935年7月26日上午，黄富群夫妇手挽着手，英勇无畏地踏上了敌人的刑场。看着敌人残暴地割下丈夫的头颅，黄富群更加坚定了内心的信念。她双眼狠狠地瞪着敌人，嘴里发出愤怒的声音，高喊道："红军万岁！共产党万岁！"一脸惊恐的敌人举起屠刀，深深地刺进了黄富群的胸膛。鲜血喷涌而出，染红了黄富群脚下她深爱着的土地。

# 红色传家宝

★ 红色基因我传承 ★

为了解放妇女，苏维埃政府陆续制定颁布了一系列保护妇女权益的法律条文，其中1931年颁布的《中华苏维埃共和国婚姻条例》和1934年颁布的《中华苏维埃共和国婚姻法》是适用于当时所有革命根据地的、统一的婚姻家庭立法。这两部法律文件确立了婚姻自由、男女平等、一夫一妻、保护妇女和子女合法权益等原则，极大地冲击了旧的封建婚姻制度，使许多妇女获得了婚姻自由，同时也为抗日根据地的婚姻立法、解放区的婚姻立法以及中华人民共和国成立后的婚姻立法奠定了基础原则。

# 苏区通行证

★ 我有红色传家宝 ★

这是一张由"瑞京县政治保卫分局"颁发的"通行证",发证日期为"公历1934年10月5日"。该通行证对持有人的姓名、性别、年龄、住址、身材、成分、事由、目的地、携带物品、使用期限等均作了十分详细的说明。具体内容为:邹泽良,男,43岁,住全国总工会中央执行局,身高4.6尺,成分为贫农,因回家(兴国县),需途经胜利县,携带包袱和日用品,通行证使用期限从

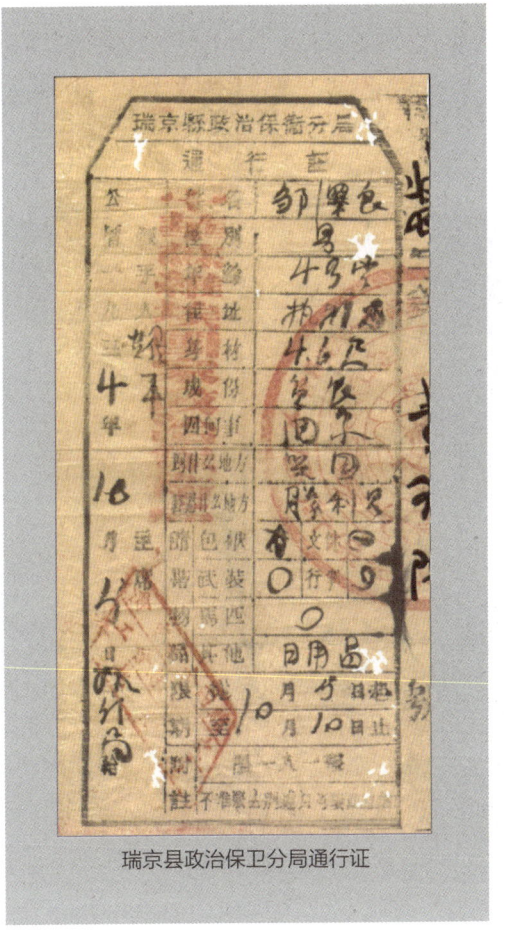

瑞京县政治保卫分局通行证

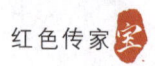

10月5日起到10月10日止。通行证签发经手人为耀平。此外，通行证上还盖有一个"中华苏维埃共和国中央执行委员会人民委员会国家政治保卫局"骑缝章，一个"中华苏维埃国家政治保卫局"条形章和一个"中华全国总工会苏区中央执行局"菱形章。

★红色故事分享会★

## 军长也要通行证

在江西省于都县银坑镇平安村，有一座高峻挺拔的石山，远远看去就像一根耸立着的竹篙，被当地人称为竹篙寨。

竹篙寨四面都是悬崖峭壁，只有一条羊肠小道通向半山腰。沿

江西省于都县银坑镇竹篙寨

着狭道上去，可以看见一个低矮的石门。穿过石门，可见一个五丈见方、两米多高的天然大石洞。1929年，于都县于北区革命军事委员会将这一天然石洞当作后方物资保管处，存放各种军需物资。

负责保管工作的战士，名叫谢思中，当时才20多岁。谢思中身材魁梧，做事认真，到这儿一年多了，他吃在洞里，住在洞里，几乎没有离开过。当时，面对国民党反动派对中央苏区的"围剿"与封锁，为了巩固新生的红色政权，我党带领苏区军民开展了广泛而深入的赤色戒严，在各地设立岗棚，分派岗哨，检查来往行人，严防敌人窥探苏区地形等特务活动。那时，通行证是苏区全体民众出行的通行凭证。谢思中严格执行规定，警惕性很高，坚决不让没有证件的人进洞。

一天下午，谢思中突然看见一个人沿着小道朝洞口走来。来人脖子上挂着一顶竹笠，身穿军服，脚踏草鞋，一身标准的红军装束，显得十分干练。

及至洞口，因来人没有证件，谢思中当即请他离开。来人也不分辩，面带微笑，转身沿着小道慢慢下山去了。

大约过了半个小时，谢思中看见那人又朝洞口走来，他的身后还跟着于北区革命委员会主席洪昌高。谢思中暗自纳闷："这个人到底是谁？洪主席怎么也跟着他来了？"正想着，二人已来到了跟前。

谢思中对洪昌高很熟悉，于是一面上前打招呼，一面打量着刚才那个人。洪昌高猜中了他的心思，笑了笑，说："小谢，不认识吗？这就是朱军长啊！"

"啊！朱军长？"谢思中简直不敢相信自己的耳朵，眼里闪起

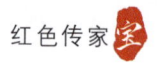

惊异的亮光。

"对,这就是朱军长。按照朱军长的要求,我还开具了区里的证明,这次该让他进去了吧?"洪昌高边说边向谢思中出示区里开具的证明。

谢思中红着脸不好意思地看着朱德,手脚都不知道如何放才好。朱德却笑容可掬地走过去,握住谢思中的手,高兴地说:"同志,你做得对。干革命工作就要像你这样,对任何人都要坚持原则。你做得对,希望你今后继续坚持这样做。"

★ 红色基因我传承 ★

通行证,是准许在管制区内通行的凭证。实行通行证制度,可以保障本部人员在辖区范围内畅通无阻,给持证人以行动上的方便,同时也对外来人员进行有效控制。中央苏区创建初期,赣西南、闽西两大根据地尚未连成一片,苏区红色区域内县与县、区与区、乡与乡之间,有的还处于赤白相间、赤白对立的状态。面对国民党军队的"围剿"和地方反动武装组织的袭击和侵扰,巩固和保卫新生的红色政权成了各级苏维埃政府的首要任务,因此,实行通行证制度,在做好防敌锄奸工作中发挥了重要的作用。

# 闽西南军政委员会借款凭票

★ 我有红色传家宝 ★

这是一组闽西南军政委员会的借款凭票。闽西南军政委员会借款凭票有壹元、伍元和拾元3种。借款凭票为蜡刻版印刷,设计十分简单。借款凭票壹元券和伍元券均为框图竖式结构,拾元券则为框图横式结构。借款凭票上方正中书"闽西南军政委"或"闽西

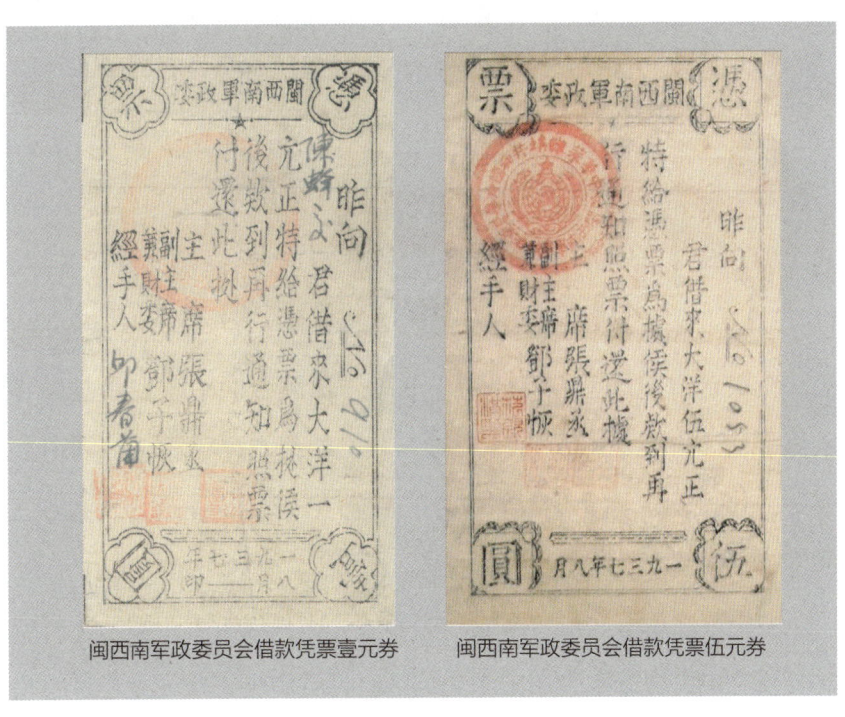

闽西南军政委员会借款凭票壹元券　　闽西南军政委员会借款凭票伍元券

南军政委员会"字样；四个角分别写有"凭""票""壹（伍、拾）""圆"4个大字；中间载有借款详情："昨向□□□君借来大洋一（伍、十）元正，特给凭票为据，候后款到，再行通知，照票付还，此据"，落款为主席张鼎丞、副主席兼财委邓子恢，经手人□□□，并加盖三人的小型方章；底部为借款时间：一九三七年八月；三种借款凭票均有手写的编号。

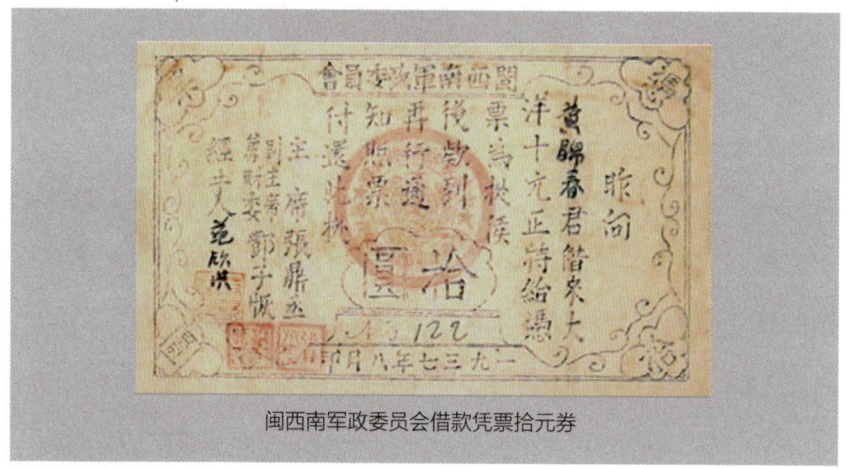

闽西南军政委员会借款凭票拾元券

## 闽西南三年游击战争

在艰苦卓绝的南方三年游击战争中，闽西南军政委员会领导人张鼎丞、邓子恢和谭震林患难与共，始终"呼吸相通、同声共气"，共同领导了闽西南游击战争。他们被苏区人民誉为"南方三杰"，是带领军民团结战斗的楷模。

中央苏区第五次反"围剿"失利后，中央红军主力被迫实行战略转移。中央红军主力撤出中央苏区时，党中央决定设立苏区中央分局,由项英、陈毅、陈潭秋、贺昌、瞿秋白、邓子恢、张鼎丞和谭震林等人组成,项英为书记。同时,成立以陈毅为主任的中华苏维埃共和国中央政府办事处。党中央交给他们的任务是:开展群众游击战争,配合中央红军主力长征,以打破敌人的"围剿"。

中央红军主力长征后,张鼎丞从赣南返回闽西,一路历尽艰险,于1934年12月回到永定。1935年3月,张鼎丞在永定下洋长岭下,主持召开红八团、红九团领导干部会议,会议决定成立闽西军政委员会,并推选张鼎丞为主席,初步解决了闽西红军游击队统一领导的问题。

1935年3月,坚守赣南的中央分局分路突围,陈潭秋、邓子恢和谭震林率部几经辗转,抵达永定。4月,闽西南地区党政军领导干部在永定赤寨村召开了第一次会议(史称"赤寨会议"),会议确定了开展广泛的、灵活的、群众性的游击战争。同时扩大成立闽西南军政委员会,选举张鼎丞为主席,邓子恢为财政兼民运部部长,谭震林为军事部部长,并为闽西南红军游击队划分4个作战分区。

在三年游击战争时期,张鼎丞、邓子恢和谭震林并肩作战,互相尊重,形成了坚不可摧的领导核心。张鼎丞善于团结大家,注重发挥其他领导人的特长。他认为,邓子恢对形势的判断特别敏锐,因此重视向邓子恢征求意见,然后作出决议。在军事方面,张鼎丞十分尊重谭震林,他常常对身边工作人员说:"谭震林自1929年以来,一直在闽西工作,他对闽西了如指掌,打起仗来大家一定要听从震林的指挥。"谭震林也非常敬重张鼎丞、邓子恢,称他们是"当地群众领袖"。

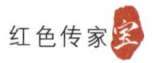

在张鼎丞、邓子恢和谭震林的领导下,闽西南党组织和红军游击队紧紧依靠群众,以永定、龙岩、上杭等地为游击中心,先后打破了10多万国民党军的反复"清剿",使保留下来的革命火种渐成燎原之势,开辟了闽西游击区(亦称闽西南游击区),不仅恢复了永定、新罗、上杭、长汀、连城、武平、漳平、宁洋(今分属永安市、漳平市、龙岩市新罗区)、永安、宁化、清流、归化(今明溪)、平和等原闽西苏区老游击区,而且发展了南靖、华安、大埔、饶平等县的新游击区。1937年7月,毛泽东在延安听取方方汇报闽西南三年游击战争情况后,对闽西南三年游击战的成果给予了高度评价。

全民族抗战爆发后,闽西南军政委员会根据党中央的指示精

闽西南三年游击战争陈列展览

神，审时度势，积极营造全民团结抗战的氛围，改变了以往的政策。其中，为解决我方军政人员给养困难问题，闽西南军政委员会对富户豪绅不再采取暴力筹款方式，而是采取和平商借的办法，统一印制了借款凭票，在凭票上承诺"候后款到，再行通知，照票付还"。

1938年初，由闽西南红军游击队改编的新四军第二支队，从龙岩白土整装出发，奔赴苏皖抗日前线，开始了北上抗日的新征程。

★ 红色基因我传承 ★

闽西南三年游击战争是"星火燎原的典范，红旗不倒的支点"。1934年10月，中央苏区第五次反"围剿"战争失利，中央红军主力被迫进行战略转移之后，留在闽西南地区的红军游击队坚持了三年艰苦卓绝的游击战争，配合了中央红军主力长征，保存并发展了党组织和红军游击队，开辟了大片游击根据地，保持了中国革命的战略支点，取得了与红军长征相辉映的伟大胜利，在中共党史和中国革命史上具有重要的历史地位和重大的历史意义。

# 后 记

　　一本旧证件、一张旧收据、一枚旧银圆、一张旧宣传单……它们背后，藏着一个个或平凡或伟大的人物，藏着一个个或温暖或悲壮的故事。是的，战火硝烟、岁月风霜在它们身上附着了底蕴厚重的红色基因，使它们成为红色历史的烙印，成为社会变迁的见证，成为优秀家风的载体，成为后世代代相传的红色传家宝，成为那个时代留给后人的宝贵的精神财富。愿广大青少年读者从红色传家宝身上感悟中国共产党经历的苦难与辉煌，自觉继承优良传统，传承红色基因，赓续红色血脉。

　　感谢中共福建省委党史研究和地方志编纂办公室对书稿进行严格把关，确保了本书正确的政治方向和准确的史实。此外，在编辑本书的过程中，我们通过多种渠道组织文字和图片，但仍有一部分文字资料和图片的作者及地址不详，暂时无法取得联系。敬请各位拥有著作权的作者尽快与我们联系，以便我们作出妥善的处理。